200着の服を
8割減らしたら
おしゃれがずっと
楽しくなった

はじめに

はじめまして、ｐｏｎｐｏｃｏと申します。私はコンパクトハウスに家族４人で暮らしている、30代後半のゆるーいミニマリストです。

この本には何もないガラーンとした部屋で暮らすミニマリストや、あらゆる無駄を排除した合理的なミニマリストは登場しません。

ミニマリストは持たないと噂のテレビも、ベッドも、カーペットも、バッグも、ブランド品も、何ならこたつだって所有しています。

私のミニマルライフは、あくまで自分らしい暮らしがベースです。

「ミニマリストはこうあるべき」というイメージに縛られたくない。

そういうフォーマットから抜け出して、自分らしく生きるために選んだ暮らしだから。


大事なのはミニマリストらしさより、自分らしさ。

100人のミニマリストがいたら、100通りのミニマルライフがあっていい。

私はミニマリズムを〝余計な物事と執着心を手放して、自分らしさに気付くための手段〟だと思っています。


この本は、私が自分なりのミニマリズムについてまとめた一冊です。

片付けの実践的なアドバイス集というより、自分らしいミニマルライフを楽しむための小さなヒント集のイメージで書きました。


この本が少しでもあなたのミニマルライフに役立ちますように。

目次

第2章 暮らし

第3章

心の持ち方

第4章

愛用品紹介

第
1
章

ファッション

浪費家だった私も、200着あった服を
8割以上減らすことに成功しました。
ミニマルクローゼットを実現するコツや
服との付き合い方をご紹介します。

1.

ユニクロのTシャツを着て、エルメスのバッグを持つ

私がミニマルライフを始めた理由の一つは、「モノをきちんと活かしたい」と思ったからです。かつては〝モノを使わずにしまい込む＝モノを大切にしている〟と勘違いしていました。

今思えば滑稽な話ですが、当時は所有しているだけで何年も使っていないモノを眺めながら、「自分は物持ちがいいなぁ」と謎の満足感に浸っていたのです。棚やクローゼットの奥でずっと眠っていたのだから、キレイなのは当たり前ですよね。

片付けを始めたばかりの頃、ほとんど未使用のモノをゴミ袋に入れながら「モノは

使われるために作られて、私は使うために買ったのに、一体何をやっているのだろう」と虚しくなって、それまでの自分の行いを反省しました。

自分がモノの立場だったら、持ち主に見向きもされずにキレイなままでいるより、多少の汚れや傷がついていても本来の役割を果たしたいと願うはずだと。


モノは使って初めてその真価を発揮します。

モノを大切にする＝たくさん使うことであり、〝所有している年数ではなく使用した回数が大事〟なのだと気付きました。「〇年間所有しています」より「〇年間愛用しています」の方が、本当の意味で物持ちがいいということだと思います。


私の管理能力では、モノが多い状態だと一つ一つをきちんと使うことが難しかったので、少ないモノで暮らすことを選びました。

モノが多くてもしっかり活かせる人であれば、ミニマリストではなくマキシマリストでもいいのです。

ただし、明らかに今の自分と合わないモノを「まだ使える、もったいない」と使い続けるのは、主役が自分ではなくモノになっているので、潔く手放すことをオススメします。

モノを輝かせるのも、死蔵品に変えてしまうのも、持ち主である自分次第。自分に合ったライフスタイルで、モノを活かすことが大事だと思います。

自分なりのモノ選びの基準を持つ

そこで重要なのが〝モノ選びの基準〟ですが、これは本当に人によって千差万別だと思います。必要なモノは、その人の好み・ライフスタイル・理想の暮らしによって変わってくるので、他の誰かの基準は参考程度にしかなりません。

モノ選びは世間の評価よりも〝自分が好きか、納得しているか〟が大事で、たくさんの選択肢の中から自分のベストを見つけるためには、先入観を持たずにいろいろ試してみることが一番です。

ミニマリストに人気の商品でも自分には合わないかもしれないし、誰かが商品につけた価格が自分にとっての価値とイコールとは限りません。

幅広い価格帯のモノを知って・見て・試す。安くても高くても同じように吟味してから買う。

安価でも優れたモノはありますし、高価なモノには高いだけの理由があります（もちろん、そうでない場合もあります）。

自分がモノに求めていることや、普段よく使っているモノの特徴をしっかり把握しておくと、自分にフィットするモノが見つかりやすいです。

自分なりのモノ選びの基準が完成するまで、地道にトライ&エラーを繰り返していきましょう。

ちなみに、私はいつも左の基準でモノを選んでいます。

○たくさん使うか（使いきれるか）
○見た目が好みで使い勝手がいいか
○使っていて満足感があるか
○メンテナンスがラクか
○今の自分とライフスタイルに合っているか

この中で特に重視しているのが最初と最後の項目。モノを使いきれるかまで考えると本気で厳選するため、数が増えにくいです。

また、モノ選びの軸は基本的に〝今の自分〟に合わせるといいと思います。

他人軸で選んだモノは使わなくなる

私はこの自分なりの基準に辿り着くまで、たくさんのモノを試して失敗と成功を繰り返してきました。時間とお金はかかりましたが、実際に使ってみないとわからないことも多いので、後悔はしていません。

その過程で気付いたのは、他人軸で選んだモノは次第に使わなくなってしまうということ、そして自分は気に入ったらブランド名も価格もあまり関係ないタイプだということです。

私は１００円ショップでマグカップを買い、ユニクロのＴシャツを着て、エルメスのバッグを持ちます。

どれも自分が納得して選んだ、お気に入りばかりです。

「安物は貧乏くさい」「ブランド好きは見栄っ張り」、そういう否定的な意見は全部スルールしてＯＫ。

他人の評価を気にしすぎると、自分が一体何を望んでいるのかわからなくなってしまう恐れがあります。

モノに対する価値観は人によって様々で、一体どれが正しいかなんて誰にも決められません。

「みんな違ってみんなどうでもいい」という、情報学者・落合陽一さんの有名な言葉がありますが、それくらいの心持ちでいいのだと思います。「自分は自分、他人は他人」と良い意味で割り切ることが大事です。

世間の価値基準に振り回されなくて大丈夫。

自分が好きだと思うモノ、価値があると感じるモノを、自信を持って選んでいきましょう。

2.

誰でも服を8割減らせるコツ

「服はいっぱいあるのに活かしきれていない」と感じたら、ワードローブを見直して服を減らすタイミング。どうしても服が減らないとお悩みの方へ、２００着あった服を８割以上減らした私が実践しているコツをご紹介します。

クローゼットにある服を全部着ていることが大事なので、既に稼働率１００％であれば無理して減らす必要はありません。

服を減らすコツ10選

1．理想のワードローブを考える

まずは「こんなワードローブにしたい！」という目標を決めると、クローゼットの整理がスムーズに進みます。ポイントは、今の自分はどんな服が着たいのか？　どんな服が必要なのか？　その服を着てどんな自分になりたいのか？を考えること。

○欲しいモノリストを作成する（具体的にイメージできるならブランドも指定）
○雑誌やSNSでお気に入りのコーディネートを集める
○こうなりたい憧れの人が着ていそうな服をイメージする
○自分の好きなスタイルを知る（カジュアル、フェミニンなど）
○自分に似合う服を知る（人から褒められた服、プロによる診断など）

自分で決めた目標に合わない服は、どんどん手放していきましょう。ライフスタイルや年齢によって理想は変わっていくと思うので、毎年見直して目標を再設定するのがオススメです。

2. 服を選ぶ前に靴を決める

個人的にライフスタイルの影響をもっとも受けやすいファッションアイテムは靴だと考えています。会社員ならきちんと見える革靴やパンプス、子育て中や年齢を重ねたら歩きやすいスニーカーやフラットシューズなど、必要な靴は同じ人でもその時々で異なります。靴に合わせて服や小物を選ぶことで、今の自分に最適なアイテムがスムーズに揃い、余計なモノを買ってしまう無駄を防ぐことができます。

私の場合、現在はスニーカーとフラットパンプスを愛用しており、パンツスタイル中心なので、ストッキングやタイツは不要になりました（冠婚葬祭用は除く）。

3. テーマカラーを決める

よくファッションのプロが「コーディネートに使う色を3色に絞るとおしゃれに見える」と仰っていますが、服が少ないミニマリストにもピッタリの法則だと思います。ミニマルワードローブでたくさんの色を使うことは難易度が高いので、ワードローブ全体のテーマカラーを決め、それ以外の色はなるべく減らすようにするとコーディネートがラクになるはずです。

私のオススメは、モノトーンをベースにベーシックカラーでまとめること。どの色を組み合わせても統一感があって浮きにくいので、洗練されたワードローブを目指している方、おしゃれに苦手意識がある方はぜひ取り入れてみてください。

もちろん色や柄がお好きな方は、自由に楽しんでOKです。私の知り合いのミニマリストで、柄シャツが好きで揃えているおしゃれな方もいます。

4. 管理できる服の上限を知る

ずっと着ていない服や存在さえ忘れているような服がある場合は、持っている服の枚数が自分のキャパシティを超えているということです。

着ている服の枚数＝自分が管理できる枚数。私は、クローゼットに着ない服をつくらないことを目標に、稼働率100％になるまで服を減らしたところ、自分がきちんと管理できる服の上限は約30着だとわかりました。

自分のキャパシティがわかったら、ハンガーの本数を制限する、収納ケースに入る分しか持たないなど、服が一定以上増えないように工夫するといいですね。

5．必ず着る服以外は全部手放す

必ず着る服以外は、なくても困らない服＝今の自分には必要ない服だと私は考えています（思い出の品として大切にしたい服は除く）。「いつか着るかも」と取っておいても、私の経験上、結局着ないままデザインも品質も古くなっていくだけです。

それに自分自身もずっと変わらないわけではありません。今着ないなら潔く手放して、また必要になったらその時の自分に合う服を買い直せばいいと思います。

6. 面倒でも全部着て確認する

服を整理する時は、過去に似合っていた服も含め、お店で試着するイメージで全部着てみましょう。

色や柄との相性は平面のままでも判断できますが、サイズ感やシルエットなど実際に着ないと合っているかどうかわからないこともあります。着ていて窮屈だったり、違和感があったり、気分が上がらないなら、今の自分にフィットしていない証拠。

その服がもしお店に並んでいたら、もう一度買いたいですか？　服は消耗品&流行があるナマモノなので、〝自分の中で旬が過ぎてしまった服＝賞美期限がきれた服〟だと思って潔く手放すことをオススメします。

7. 手放すか迷ったら着て外出する

服を手放すかどうか迷った時は、一度その服を着て外出してみるといいと思います。街のショーウィンドーに映る自分の姿を見て落ち込んだり、この格好で知り合いに偶然会いたくないと感じたりなど、ネガティブな気分になった場合は、帰宅後に即手放すのがオススメです。

逆に着ていて「思ったよりいいかも！」とポジティブな気分になった場合は、これから着る予定があるなら残してもいいと思います。

8．なるべく買う前に手放す

もはや〝1着買ったら1着手放す〟はミニマリスト界隈の常識ともいえますが、私は買った後ではなく、なるべく買う前に手放すようにしています。買った後だと覚悟が揺らいで服を手放せない可能性がありますが、買う前ならその心配もなく、今持っている服を手放してまで本当に欲しいかどうか冷静に考えられるからです。

意志の弱い人や買い物が好きな人ほど、買う前に手放す作戦は効果大。

また、ワードローブから手放す服を決める過程で、自分がどんな服を持っているのかを再確認できるので、似たような服を買ってしまうなどの無駄買いを防げます。

9．手放すと決めたら元に戻さない

手放すことを決心したなら、ゴミ袋を覗いて「やっぱり取っておこう」とクローゼットへ戻すことはなるべくしない方がいいと思います。何故なら、一度でも「いらない」と思った時点であまり必要ない・好きではない服だからです。本当に大切な服の場合、手放す選択は恐らく頭に浮かびません。

どうしても悩んでしまう場合は、もう少しだけ取っておくか、すぐに資源回収へ出したり売ったりして、視界から消してしまうように工夫するといいと思います。

10．クローゼットの定期点検&ついで点検

少数精鋭のワードローブになった後も、今の自分にピッタリな状態をキープするためには、クローゼットの定期点検が欠かせません。

忙しい場合は年４回の衣替えシーズンだけでもＯＫですが、私のオススメは〝月１回のじっくり点検〟&日常生活の中で簡単にチェックする〝ついで点検〟。

服が少ないクローゼットなら、全体をサッと見回すのにあまり時間はかからないので、掃除のついでや洗濯物をしまうついでに習慣化してしまうとラクです。定期的にクローゼットを点検することは、たくさんメリットがあります。

○自分の好み・体型・ライフスタイルの変化をすぐに反映できる
○要・不要の判断力（スピード）が磨かれる
○今の自分に合う服、合わない服がわかるようになる
○失敗に早く気付ける＝無駄買いが減る

もしまだ服が多い場合は、クローゼットから全部出して、自分が何をどれくらい持っているのかを確認しながら、一気に整理することをオススメします。

＊

私はこれらの方法で、服を８割以上減らすことに成功しました。

ミニマルワードローブが実現した今も、定期的にクローゼットを点検し、自分のキャパシティを超える服は〝持たない・買わない・増やさない〟ように心がけています。服の枚数にこだわりはありませんが、現在は少ない時で約20着、多い時で約25着です。ミニマリストにしては多いと思いますが、これが私の適量なので満足しています。

おしゃれと買い物が大好きな私でも、こうして服を減らすことができたので、誰でも諦めなければきっと実現できるはずです。

自分に合った方法で、稼働率１００％のクローゼットを目指していきましょう。

3. 元浪費家が失敗から学んだこと

おしゃれが好きで服に散財していた元浪費家だからこそわかる、失敗から学んだ〝服と上手に付き合うコツ〟をご紹介します。

1. 服の価格や枚数とおしゃれ度は比例しない

昔の私は年間100万円以上を服飾費に注ぎ込み、クローゼットは約200着の服であふれていました。

ミニマルライフを始めて少ない服で着回している今も、あの頃と変わらずにおしゃれを楽しめています。私の場合、服にかける金額も持っている枚数もあまり関係なく、それよりも髪・肌・体型を整えて姿勢を正す方が、見た目の印象を大きく変える効果がありました。

服をたくさん買う前にまず自分自身を整えること、そして服より長く使える小物に投資することを今は重視しています。

2．自分にとってちょうどいい服が本当に良い服

普段着ている服のほとんどがプチプラですが、それは今の私にプチプラ服がちょうどいいからです。

この先私が40代50代になったら、上質な服がちょうどいい服になるかもしれません。

〝ちょうどいい〟はその時の自分やライフスタイルに合わせて変化していくし、本当に良い服とは今の自分にとって〝ちょうどいい〟服のことだと思います。

ブランドや知名度は一切関係なし。誰かにとってのちょうどいいではなく、自分なりの最適解を見つけることが大事です。

3. 安い服も高い服も真剣に選んで審美眼を磨く

おしゃれな人ほど、1000円のTシャツを買う時も1万円のTシャツを買う時も同じくらい真剣勝負。何故なら「安いからいいや」と普段からモノ選びに手を抜いていると審美眼が磨かれず、ここぞという時に失敗しやすいからです。

モノを選び抜く目が足りないと、どこを見て良し悪しを判断すればいいのかわからず、自分に合わない服やすぐ飽きてしまう服の特徴を見落としてしまいます。

逆に何を買うにしても真剣勝負の人は、審美眼がどんどん磨かれて買い物の成功率が上がっていくはずです。

4. コーディネートは引き算と足し算のバランスが命

「ファッションは引き算だ」とよく言われていますが、まったく飾り気のないシンプルすぎるコーディネートは何だか物足りなくて、私は心が満たされないと気付きまし

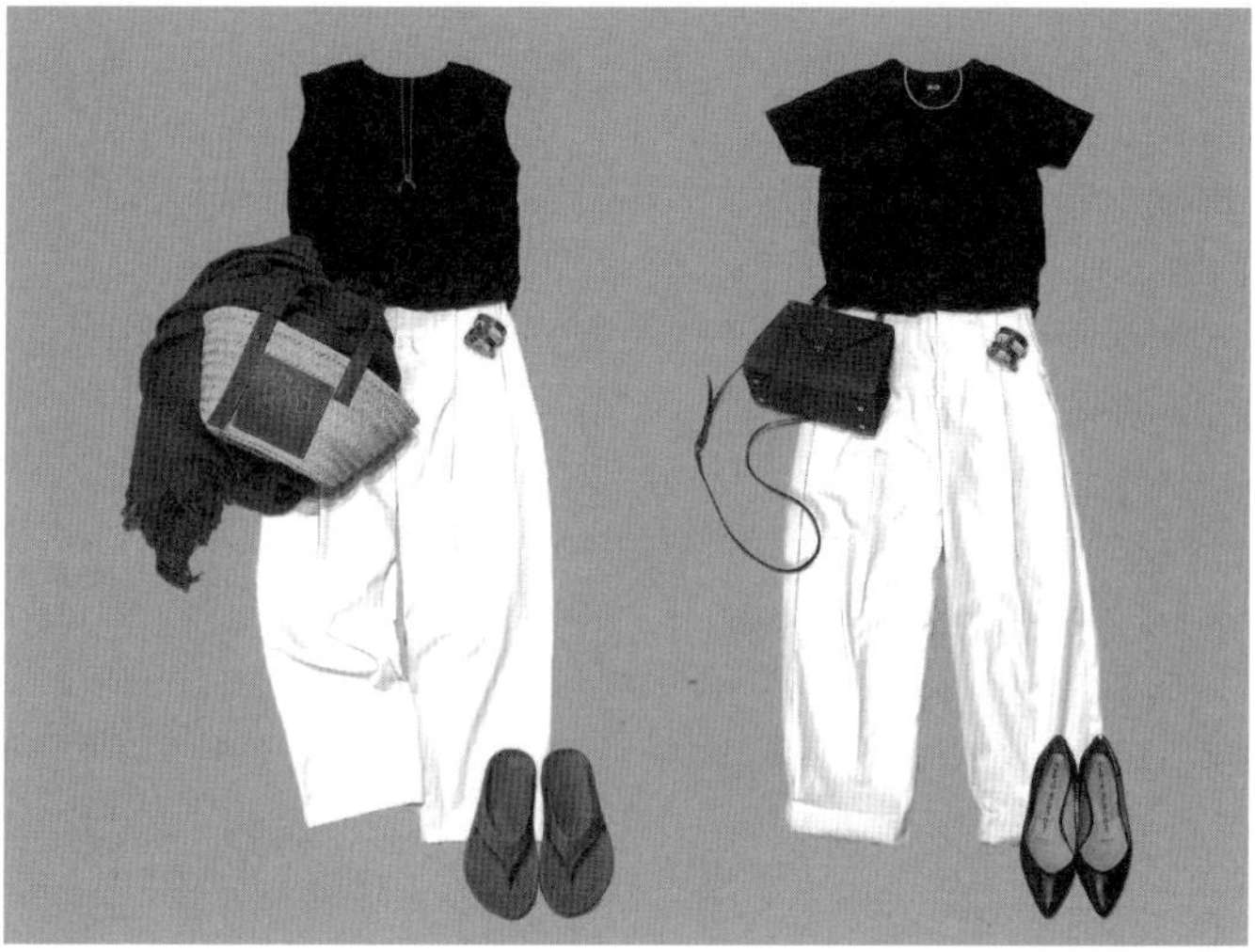

同じような服でも、合わせる小物で印象を変化できます。左はカジュアル、右はキレイめを意識。

た。とはいえ、服が多いと迷いが生じて選びにくいし、主張の強い服はよほどの上級者でない限り、コーディネートがごちゃつく原因になってしまうことも。

個人的には〝余計なものを削ぎ落としてから自分らしさを足す〟ことがファッションを楽しむコツだと考えています。

私の場合、重ねる枚数やカラーをなるべく絞った状態をベースに、アクセサリーやストールなどの小物を少しだけプラスして遊ぶことが多いです。

5. 一生モノか判断するのは購入時ではないと悟る

一生モノはあくまで結果論であって、購入時に判断できるものではないと考えています。自分はどんどん変わっていくので、一生どころか5年後に使っているかどうかさえわかりません。

今と同じ暮らしをしているかわからないし、外見は変わるし、感性はアップデートされていくし、年齢を重ねれば体力が落ちて重い服を着るのが辛くなってきます。

変わることは新しい自分になることであり、ごく自然なこと。

長く付き合えるモノは人によって異なるし、高級品が一生モノになるとは限らないので、雑誌やSNSの〝一生モノ特集〟を鵜呑みにする必要はありません。

私は世間で一生モノとされている高級品を上手く使いこなせず、何度か手放した苦い経験があります。どんなモノでも「長く使えたら嬉しいな」くらいに思っておくのがベター。意外と気に留めていなかったモノが、結果的に一生モノになるのかもしれません。

6．服が好きな気持ちと不安や執着心を混同しない

ミニマルライフを始めたばかりの頃、他のモノは手放せても大好きな服だけはなかなか手放せませんでした。ほとんど着ていない服ばかりなのに、です。今思えば、私が手放せなかったのは服そのものではなく、服に姿を変えた自分の不安や執着心だったのではないかと思います。

現在はお気に入りのワードローブがもし明日全部なくなっても「何とかなるでしょ！」と思えるようになりました。〝好きなのに、ないならないで大丈夫〟というこの不思議な感覚に辿り着けたのは、モノがなくても私の根本は変わらないし、好きと執着は違うとわかったからです。

7．どうすれば満足感を得られるのか知っておく

服と上手に付き合っていくうえで必ず知っておきたいのは、〝自分はどうすれば満

足感を得られるか〟ということ。服にお金をかけることや毎日違う服を着ることで心が満たされるなら、それもありだと思います。高価な服は上質なモノが多いし、いろんな服を着てこそわかることもあるからです。

私の場合、服の価格や枚数は自分の満足感にそれほど影響しないとわかったので、普段着に高価な服を買うのはやめて、少数精鋭のワードローブにしました。

満足感を充分に得られないと、いくら服を買っても満たされないし、買ってもすぐに捨てる行為を繰り返す事態になりかねません。自分がどんなタイプなのかを見極めて、満足感のあるワードローブを目指すことが大事です。

8．ファッションの正解は自分で決めていい

いろいろと書いてきましたが、ファッションは清潔感があってTPOさえわきまえていれば、あとは完全に自己満足の世界なので、正解は自分で決めていいと思います。世の中にはおしゃれに関する暗黙のルールのようなものがいくつかありますが、参考になった部分以外は全部スルーしてOKです。

「いつも同じ服は恥ずかしい」
「大人なんだから高い服を着なきゃ」
「バッグと靴にはお金をかけるべき」

誰かが決めた正解に振り回されていたら、服は増え続けるし、いつまでも自分のスタイルが定まりません。「おしゃれだね」と褒められるのはもちろん嬉しいですが、評価されることが目的になってしまうと苦しくなるだけです。毎日頑張っておしゃれしなくてもよし、おしゃれ競争に参戦する必要もなし。

＊

服と上手に付き合うための最大のキーワードは、〝自分が満足しているか〟。
今の自分を基準にして心身共にフィットする服を選び、世間の情報に惑わされたり他人からの評価を期待しすぎたりせずに、自由におしゃれを楽しみたいですね。

4.

「手放せない」気持ちは愛着？ 執着？

「服が捨てられない」と着ない服を持ち続けるのは、愛着ではなく執着かもしれません。

私はたとえ高価でもお気に入りでも、もう着ない・着られないと判断した服は潔く手放すようにしています。手放せない理由（言い訳ともいう）をあれこれ探す前に、自分の服に対する気持ちが愛着なのか執着なのか、じっくり見極めることが大事です。

私がこれまでに経験した、手放せない理由と実例をご紹介します。

1．高かったから手放せない

アウターを新調するにあたり、ワードローブの中から1着手放そうと考え、ユニクロを残して高級ダウンのモンクレールを手放しました。〝ユニクロの着用回数が多い＝自分のライフスタイルに合っていた〟からです。

昔の私であれば、「高い服を手放すなんてもったいない」と深く考えずにモンクレールを残していたでしょう。しかし、私が実際によく着ているのはユニクロであり、どちらを残すべきかは明白でした。

高い服を手放すことは勇気がいると思いますが、そこから得た経験や学びを次のモノ選びに活かせば無駄にはなりません。

2．やせたら着るから手放せない

サイズアウトした服を取っておいてもOKなのは、ダイエットの目標にしてやる気が出る場合だけです。私は自分に甘くていつやせられるかわからないタイプなので、お気に入りのデニムのサイズが合わなくなってしまった時、即買い替えました。体型をすぐに戻せる自信がないなら、潔く手放すとクローゼットがスッキリして気持ちいいです。

3．また流行るかもしれないから手放せない

流行は繰り返すとよく言われていますが、まったく同じ服が流行ることはほとんどないと思っています。

ワードローブの定番であるデニムでさえ、スキニーシルエットが流行る年もあれば、ワイドシルエットが流行る年もあり、数年前のモデルだと少し古くさく見えてしまうことがあるくらいです。

このようにベーシックな服でも時代と共にデザインや形は微妙に変わっていくし、また流行るとしても自分の好みや体型が同じとは限らないので、もう着ていない服を「また流行ったら着よう」と、何年もスペースを占拠してまで取っておかなくてもいいと思います。

もちろん「流行は関係なく、自分が着たいから着る」ならＯＫです。

4．買ったばかりだから手放せない

半年前に買ったばかりのジャケットがしっくりこなくて、着るたびにモヤモヤしていたので手放しました。自分の経験上、違和感がある服は手にする回数がどんどん減っていくとわかっていたからです。

「まだ買ったばかりだから着なくちゃ」とプレッシャーを感じて自分を追い込むのはストレスなので、反省しつつ手放します。

5．まだ着られるから手放せない

ヘビロテしていた服に対して「そろそろ飽きたなぁ、他の服が着たい」と思うことがあります。大きなダメージはなくてもくたびれ感のある服や、自分の中で賞美期限がきれた服は着ていても気分が上がらないことが多いので手放しました。

「まだ着られる」は服が主役、「まだ着たい」は自分が主役。モノを大切にすることはとても素敵ですが、自分の気持ちを最優先しましょう。

6. もう買えないかもしれないから手放せない

私が今まで手放してきた中で、もっとも稀少なアイテムはエルメスのバーキンだと思います。なかなか手に入らない憧れの名品でしたが、残念ながら当時の私には上手く使いこなせませんでした。今は自分が所有しなくても、街や雑誌の中で誰かが持っている姿を見るだけで満足です。

お金で手に入れたモノは、まったく同じモノは無理だとしても似たようなモノならまた手に入ります。今の自分にフィットしないなら手放して、いつか似合うようになった時にどうしても欲しい場合は、もう一度購入を検討すればいいのではないでしょうか。もしかしたら、もっと自分に合うモノとの出合いもあるかもしれません。

＊

私はモノに愛着はあっても執着はしないタイプです。

一つ一つをこだわって選び、きちんと使いますが、手放す時はさっぱりと潔く。

今持っているモノは〝今の自分が好きなだけ〟で、ずっと好きかどうかはわからないし、新しい出合いもあるので、所有することにはあまりこだわっていません。

服と一緒に執着心も手放していきたいですね。

5.

リセールバリューを意識しすぎない

ミニマリストはリセールバリュー（中古市場での再販価格）を考慮しながら賢く買い物を楽しんでいる人が多い印象ですが、私はあえて意識しすぎないようにしています。その理由は左のとおりです。

○「失敗したら売ればいい」と安易に買ってしまう
○価値が高いうちに売ろうと考えてしまう
○傷や汚れを気にしながら使ってしまう
○自分の持ち物なのに売り物のように扱ってしまう
○箱などの付属品を保管したくない

○（フリマアプリの場合）売却に手間がかかる

私もPCやガジェット類を購入する際は売却まで考慮しているので、モノを売ることやリセールバリューを想定した買い物を否定しているわけではありません。

中古品の売買は売り手にとっても買い手にとってもメリットがあり、環境に優しい手放し方だと思っていますし、フリマアプリなど個人間で気軽に売買を楽しめるサービスが普及したおかげで、新しいモノや使ってみたいモノにチャレンジしやすくなりました。

ただ、私は自分に甘いので〝失敗しても高く売れる〟という免罪符があると、要・不要の判断が鈍くなり、つい余計なモノを買ってしまうのです。昔の私は「売り切れて後悔したら嫌だし、失敗しても売れば損しないから、とりあえず買っておこう」と安易にモノを買い、結局使わないまま値札のついた状態で売却することが何度もありました。

人によっては、レンタル感覚でモノの価値が高いうちに早く売ってしまう方法もありだと思いますが、それを面倒に感じてしまうズボラな私にとってはデメリットの方が大きいと感じています。
自分の好きなモノを使いきるつもりで買い、自由に気兼ねなく使って、いつか手放す時に「売れたらラッキー」くらいの感覚でいる方が私には合っているようです。

不要品の手放し方

ただ捨てるのではなく、なるべくゴミにしない方法をご紹介します。

企業のリサイクルを利用する

ユニクロ・GU・無印良品・H&M・ワコールなどリサイクルを実施している店舗に持ち込む。企業によってはクーポンやポイントがもらえることもあります。

まだ着られる服は寄付する

『古着deワクチン』など、開発途上国の支援ができる寄付サービスがあります。

使いきった服はウエスとして掃除に使う

私は使いきったタオルやコットン素材の服をウエスにして掃除や靴磨きに使っています。静電気が起きやすいストッキングやフリースは、埃が溜まりやすい場所の掃除に最適。手にはめるか、棒を通してハンディワイパー代わりにすると便利です。

資源回収に出す

私の住んでいる地域では、服やバッグはもちろん、着物や毛皮、使用済みの下着や靴下も布類として資源回収に出すことができます。自治体によると、回収された資源の大半は海外に輸出され、リユース（再利用）、リサイクル（再資源化）されるそうです。思わぬモノが資源として回収可能な場合があるので、手放す前にお住まいの自治体のゴミ分別サイトをチェックしてみてください。

6.

大人の服選びのポイント

アラフォーになると20代の頃とは体型もおしゃれの価値観も変わってきます。昔は好きで似合っていた服がしっくりこなくなるなんてことも日常茶飯事。年齢を重ねた今の自分に合う、大人のミニマルワードローブを目指すために、覚えておきたい服選びのポイントをまとめました。

大人の服選び９つのポイント

1. シンプル イズ ザ ベスト

装飾の少ないプレーンなデザイン、無地もしくはロゴや柄が控えめなもの、地味だけど縁の下の力持ち的存在のベーシックな服……。時代によって微妙な変化はあれど、結局これらが一番飽きにくくて、廃れにくいスタイルだと思います。

シンプルすぎると顔まわりが寂しくなってしまうタイプの方は、アクセサリーや小物でボリューム感や華やかさをプラスするといいですね。

2．洗濯機で洗える

クリーニングは高いし手洗いは面倒なので、普段着はなるべく洗濯機でガンガン洗える服を選ぶようにしています。

メンテナンスに手間がかかる服は自然と手に取る回数が減ってしまうため、私は購入する前に洗濯表示を必ずチェックして、手洗いマークの場合は自己責任で洗濯機の手洗いモードで洗っています。

3．シワになりにくい

私の場合、20代の頃はこなれて見えていたシワ感が、自分の肌にハリがなくなってくるにつれて、何だかだらしない印象になってしまうことに気付きました。シワになりやすい高密度織の綿素材や硬い生地、レーヨンの割合が多い服はなるべく避けて、シワになりにくいポリエステルやナイロンなどの素材を取り入れるようにしています。できればノーアイロンで着られる服がベストです。麻などシワが味わいになる素材もあるので、自分の好みもふまえて判断するといいですね。

4．着ていて疲れない

アラフォーがこれから選ぶ服は、〝軽くて着心地がいい〟が正義。どんなに素敵でも、着ていて疲れる服は確実に着なくなります。50代以上のおしゃれな先輩方が口を揃えて仰っているので、ほぼ間違いありません。私の場合、40代目前にして重いアウターや硬い服がダメになりました。

手にした時に「重いな」と感じる服、体の動きを邪魔する硬い服、チクチクして痛い服は買いません。ロング丈や厚手のアウターは重くなりやすいので要注意です。

5．体の線を拾わない

20代の頃は体にフィットする服を着た方が細く見えたのですが、アラフォーの現在は服の中で体が泳ぐようなゆとりのあるタイプを着た方が細く見える気がします。特にヒップや脚の形が露わになる服、背中の肉感を拾いやすい服は避けるようになりました。かといって逆にブカブカすぎても大人は老けて見えるので、自分にちょうどいいサイズ感を見極めたいものです。

6．少しキレイめを意識

大人はカジュアル100%より、少しキレイめにシフトした方が日常の様々なシーンに対応できるので便利です。いつもより少しキレイめを意識したい日は、ロンTにパーカーではなくジャケットを羽織る、デニムにスニーカーではなくパンプスを合わせる、セーターはローゲージよりハイゲージを選ぶなど、少し工夫するだけでいつもの装いがぐっと大人っぽく。靴・バッグ・アクセサリーなどの小物や、光沢感・とろみのある素材でキレイめ要素を取り入れるのもオススメです。

7．流行を追いすぎない

大人は流行を追わずに上手く付き合っていくのがベター。今の自分に似合う流行だけを取り入れ、流行モノはプチプラを上手に利用するのが賢い手だと思います。どんなに巷で話題になっていても、似合わない流行は完全スルーでＯＫです。

8．高価すぎない

大人は服に大きなダメージがあると残念な印象になりがちです。元がどんなに高価な服でも、くたびれていたら老けて見えてしまいます。

大人のおしゃれは清潔感第一で、必ずしも高価である必要はありません。体型も変わりやすいため、気楽に買い替えられる価格帯の服から選ぶといいと思います。

9. 少ない服を着尽くす

自分の好み・体型・ライフスタイルは変化していくので、今は「これを着ておけば間違いない！　私の定番！」と思っていても、1年後にはどうなっているかまったくわかりません。同時期に何十着も所有するよりも、少数精鋭を着尽くすつもりでたくさん着て、時期が来たらサッと買い替えるスタイルが賢いと思います。

似合わないけど好きな服はどうする？

好きと似合うが一致しなかったり、過去に似合っていた服が年齢を重ねて似合わなくなったりすることは、誰でも経験があると思います。

個人的にはパーソナルカラー・骨格・顔タイプ診断などの結果に関係なく、各々自分が好きな服を着ればいいと思いますが、そうは言っても似合わない服を着ていると何だかテンションが下がることもありますよね。

私は骨格ウェーブですが、服の好みは骨格ストレートに合うタイプです。もちろん、そのまま着てもあまり似合いません。〝自分に似合う要素を取り入れて、似合わない要素を中和する〟ように工夫しています。

パーソナルカラーに合う色や、骨格ウェーブに合う薄くて柔らかい素材を選んだところ、完璧に似合うとは言えませんが、自分の〝好きな服を着たい気持ち〟と〝似合う服を着たい気持ち〟の両方をそれなりに満足させることに成功しました。

ただし、中和しても似合わない服は当然あるので、自分で研究して見極めるしかありません。私はボーダー柄が昔から似合わないのですが、色やボーダーの太さを変えても、素材を薄手にしても結局似合いませんでした。

こういう場合は「他にもっと似合う服があるのだから、わざわざこの服を着なくてもいい」と潔く諦めることが肝心です。

7. 稼働率100%の年間ワードローブ

稼働率100%のクローゼットを目標に、自分なりに試行錯誤しながら選び抜いた私の年間ワードローブをご紹介します。シーズン終了後に手放す服もあるので、現在ではなく定番のワードローブの内容にしました。アイテムごとに選び方のポイントを記載しています（下着・部屋着・フォーマル関連は除く）。

〈トップス・春秋向け〉

○白の長袖シャツ

○黒のハイネック長袖ブラウス

○黒のクルーネック長袖ブラウス

春や秋のスイッチシーズンはあっという間に過ぎてしまうので、この時期に着る服は必要最小限にしています。できれば2〜3シーズン着られる服がベスト。私は冬でもあったかインナーと組み合わせて着ることがあります。

素材は乾きやすくてシワになりにくいポリエステルを選ぶことが多いです。化繊でもインナーを綿素材にすれば快適な着心地になります。

〈トップス・春夏向け〉

○白のTシャツorノースリーブ
○黒のTシャツorノースリーブ
○白の半袖ブラウス
○黒の半袖ブラウス

汗をかいて洗濯回数が増える夏服は、他のシーズンよりもトップスの枚数を多め（大体5枚前後）にしています。大人のおしゃれは清潔感が大事なので、くたびれたらすぐに買い替えられるようにプチプラ中心。

ミニマリストの中には半袖を持たずに、夏でも長袖の袖をまくって着ている人も多いです。逆に薄手の長袖を持たずに、半袖＋羽織り物で春秋を乗りきる人もいます。

〈トップス・秋冬向け〉

○チャコールグレーのカシミヤセーター
○白orライトグレーのカシミヤセーター
○白の裏起毛プルオーバー

冬はユニクロのカシミヤセーターが私の定番。薄手で暖かいため、上に羽織るアウターや収納スペースを気にしなくていいところが好きです。ロンT感覚で気軽に着て、洗濯機でガンガン洗っています。黒いセーターは埃が気になるので、ダークカラーを着たい時は杢《もく》調のチャコールグレーを選ぶことが多いです。

裏起毛のスウェット素材は、良い意味で見た目の冬っぽさが少ないため、「春なのにまだ寒い、でも冬服は着たくない」気分の3～4月でも違和感なく着られて1枚あると便利だと思います。〝ニットなし〟に挑戦される方にもオススメです。

〈ボトムス〉

○白のワイドパンツ
○黒のワイドパンツ
○黒のテーパードパンツ
○黒の裏起毛パンツ

パンツ派なので現在スカートは持っていません。パンツの選び方は、自分の隠したい部分が上半身なのか下半身なのかで変わってくると思います。上下どちらもゆったりした服にすると野暮ったく見えがちなので、上半身を隠すならスキニー、下半身を隠すならワイドやテーパードがオススメです。

少し前まではオールシーズンはけることにこだわっていたのですが、アラフォーになってからは快適さを優先するようになり、季節に合ったボトムスを持つことにしました。大人のおしゃれは無理しない、が鉄則です。ミニマリストの中にはあったかインナーと重ねばきして、真冬でも薄手のボトムスで過ごす人もいます。私も今後ワイドパンツで試す予定です。

〈ワンピース〉

○黒のロング丈ワンピース

○ブルーのマキシ丈ワンピース

キレイめのワンピースｏｒセットアップは、食事会や学校行事、結婚式の2次会など、様々なシーンで活躍するので重宝します。個人的にオススメなのは、リトルブラックドレスのような黒一色で装飾の少ないタイプ。普段の服装がカジュアルな人ほど、「これさえ着ておけばどこへ行くにも安心！」の1枚があると便利です。

私のワードローブは地味色ばかりですが、たまに華やかな色をまといたい気分になることもあるので、そんな時はワンピースでキレイ色を取り入れて満足しています。

〈羽織り物〉

○黒のVネックカーディガン

○グレーのVネックカーディガン

私がオススメする羽織り物は、ハイゲージのコットンカーディガンです。厚手のウールやカシミヤだと着られる季節が限定されますが、綿素材ならインナーと併用することで一年中使えます。ローゲージはカジュアルな印象でボリューム感があるので、ハイゲージの方が使えるシーンが多くて収納スペースを取りません。さらにVネックのあきが狭いタイプなら、セーター感覚で1枚でも着られます。

〈アウター〉

○白のダウン

○黒のウルトラライトダウン

○ベージュorグレーのコート

ミニマリストは薄手と厚手のアウターをそれぞれ1着ずつ所有している人が多い印象ですが、私は今のところ理想的なライトアウターに出合えていないため、秋や春先はユニクロのウルトラライトダウンで代用しています。ボタンを留めればクルーネックからVネックに早変わり。意外とキレイめの服装とも相性がよく、私が一番着ているアウターです。

汚れが心配でダークカラーのアウターばかり選びがちでしたが、アウターを明るい色にすると雰囲気がぐっとあか抜ける気がして、白やベージュのアウターも愛用しています。アウターだと難しい場合は、ボトムスに白を取り入れるのもオススメ。

Spring
Summer
autumn
Winter

〈インナー〉

○ブラキャミ　数枚
○あったかインナー　数枚
○靴下（スニーカー用）×2
○靴下（パンプス用）×2
○あったか靴下×2
○膝下タイツ×2

春夏はブラキャミ、秋冬はあったかインナーが必須アイテムです。それぞれ3～4枚ずつ持っています。靴下はスニーカーとパンプスで使い分けているので、ミニマリストにしては数が多いかもしれません。可能であれば、靴下のカラーやデザインを統一して〝制服化〟するのもオススメ。靴下選びに迷わなくなり、片方を紛失したり破いたりしてしまっても代用できるので、効率的かつ経済的です。

〈バッグ〉

○グレーの２wayショルダーバッグ
○赤のショルダーバッグ
○カゴバッグ

バッグは服と比べて消耗しにくいので、長く愛用できる上質なアイテムを揃えています。私のバッグ選びの基準は、装飾が少ないこと、なるべく両手がフリーになること、重さが気にならないこと、美しくて使い勝手がいいことです。ワードローブに馴染むベーシックカラーｏｒ差し色になるビビッドカラーで、小ぶりなサイズを選んでいます。

私の場合、この基準に合わないバッグはいずれ使わなくなってしまうとわかったので、素敵だなと思っても手を出しません。この他に、家族兼用の旅行バッグなども所有しています。

〈靴〉

○白のレザースニーカー
○白のフラットパンプス
○黒のフラットパンプス
○リカバリーサンダル

靴選びは健康問題に直結するため、自分の足に合っていて快適に歩けることがもっとも重要だと思っています。私の定番スニーカーは、学生時代からずっと愛用しているニューバランスです。アラフォーになって素材をレザーにアップグレードしたところ、キレイめの服装にも合わせやすくなりました。パンプスはハイヒールからフラットにチェンジ。個人的に靴はライフスタイルの影響を受けやすいファッションアイテムだと考えているので、定期的に見直すことをオススメします。

また、「バッグと靴の色を合わせると美しい」とよく言われていますが、手持ち服に馴染むカラーを選べば、そんなに気にしなくても大丈夫だと思います。

〈アクセサリー〉

○リング×２（形見の指輪は除く）
○ネックレス×３
○ロングネックレス×２
○ブレスレット×４
○イヤリング×２

ヴァンクリーフ&アーペルのアルハンブラ。エルメスのシェーヌ・ダンクル・アンシェネ、イスム、ケリー・ドッグ。TASAKIのバランス ネオ……。どれもこれから一緒に思い出を重ねていきたい、本当に好きなモノばかりです。

ミニマリストにしては数が多いと思いますが、アクセサリーを上手に活用すると、服をたくさん持つよりもコーディネートの幅が広がって収納スペースが少なく済む、上質なモノであれば服よりも長持ちするなどのメリットがあります。

〈小物〉

○リネンストール
○カシミヤストール
○ハンドウォーマー
○帽子×2
○アイウェア×2

帽子は防寒や熱中症対策に、アイウェアは花粉や紫外線対策に欠かせない存在です。ストールは、必要というより好きだから持っています。あってもなくてもいいけど、持っていると自分の心が満たされる。もちろんきちんと使うことが前提ですが、そういうアイテムがいくつかあってもいいと思います。

私は自分にとっての適量まで服を減らしたことで、稼働率100％のクローゼットを叶えることができました。よく着る服やその適量は人それぞれ異なるので、私と同じアイテムや枚数にする必要はまったくありません。「こんなワードローブもあるのね」と参考程度に思っていただければ幸いです。

稼働率100％のクローゼットが実現すると、自分らしさが際立ちます。私のワードローブはモノトーン中心で地味な印象だと思いますが、今の私にはこれが心地いいのです。

自分がしっくりくるなら、極端な話、全部派手色だってアロハシャツだっていいと思います。私はシンプルな中に少しだけ色や小物で遊びを加えることが、自分らしいワードローブだとわかりました。

8.

ミニマリストはブランド品を持ったらダメ？

ブランド品や高級品は見栄の象徴のように扱われることがあり、私はそういった風潮を残念に思っています。プチプラも大好きですが、ブランド品には高いなりの価値があると考えているからです。

確かに価格と品質が釣り合っていないと感じるモノもありますし、実際に他人への見栄で購入している人や、ブランドに心酔している人もいるかもしれません。

昔の私がまさにそうで、「一流ブランドだから」「名品と評判だから」という理由でブランド品を選んでいました。もちろんモノ自体にも魅力を感じていましたが、購入した動機の半分以上はネームバリューや他人からの評価だったのです。

当時はまだ自分軸がしっかりしておらず、ブランド品を持っている自分に価値を見いだしていたのだと思います。どんなに素晴らしいモノでも、自分やライフスタイルに合っていなければ意味がないのに。

ブランド品で失敗した苦い思い出

例えば、ヨーロッパ旅行中に出合ったカルティエの腕時計。一目惚れし、職場で尊敬する先輩が愛用していたことや旅の高揚感から勢いで購入しましたが、そもそも腕時計をつける習慣がなかったため、上手く使いこなせませんでした。

また、ずっと憧れていてやっと手に入れたエルメスのバーキンも手放しました。一流の技術を持つ職人さんが、厳選された素材を使って何日もかけて製作しているので、品質が素晴らしいことは言うまでもありません。しかし、ショルダーストラップがなくて私には不便だったこと、管理に気を遣うこと、アイコニックで目立つことなどが、残念ながら当時の私には向いていなかったのです。

現在もブランド品をいくつか持っていますが、自分にフィットするかしっかり見極めたうえで手に入れたモノばかりなので、全部きちんと活用できています。手にするたび、熟練の職人技や上質な素材に「素晴らしいなぁ」と惚れ惚れして、前向きな気分になれる存在です。

今の私は誰かに自慢するためでも、虚勢を張るためでもなく、ただ自分が楽しむためにブランド品を持っているのです。高価だからと臆さず、日常的にガンガン使っています。高級品こそ使わなければもったいない。使えば使うほど自分に馴染んでいく感覚が楽しいです。

ハイブランドのモノ作りに触れることで、自分の審美眼が磨かれていると感じます。

〝高級品＝見栄〟ではない

以前ブログの企画で〝ミニマリストが愛用しているバッグ〟について取材した際、約半数のバッグが何年も大切に愛用されてきたブランド品で、持ち主の皆さんの「自分のバッグが好き！」という想いに感激しました。

このように他人への見栄ではなく、自分が「好き」「美しい」「使いやすい」と感じるモノを選び抜いた結果、ブランド品に辿り着いたというケースもきっと多いはず。

ミニマリズムが自分の〝好き〟にフォーカスする生き方ならば、その対象が高級品でもいいのではないでしょうか。〝高級品＝見栄〟というわけではなく、自分が見栄で持っていると思うモノは全部見栄なのだと思います。

世間にとっての価値より、自分にとって価値があるかどうかの方がずっと大事。

これからもブランド・ノーブランドにかかわらず、自分にフィットするモノを選んでいきたいです。

9. 本当に好きなモノほど早く買う

私はお金持ちではありませんが、自分が本当に好きなモノ・欲しいモノは大体手に入れてきました。その理由は、寄り道せずに最短ルートを目指したから。これに尽きます。

ちょっと欲しいモノや、ちょっと便利そうなモノって本当に厄介です。その〝ちょっと〟が積み重なると、あまり満足感を得られないまま、いつの間にか本当に欲しいモノが買えていた金額になってしまいます。

使えるお金が限られている庶民だからこそ、余計なモノを買って散財する前にサクッと一番を手に入れる方が経済的。本当に欲しいモノを我慢して妥協を繰り返しても、お金が減ってイマイチなモノが残るだけです。

本当に欲しいモノを早く買うメリット

1. 欲しいモノを早く長く使える

支払う金額が同じなら、好きなモノを使うことで得られる満足感が一日でも長い方がお得です。品質が変わりにくいモノや、エイジングが楽しめるモノであれば、一緒に思い出を重ねることもできます。

2. モノ選びに迷わなくなる

一番欲しいモノを手に入れると、心が満たされて物欲が落ち着き、他の似たようなモノを見ても惑わされなくなります。逆に言えば一番を手に入れるまで「これは本当に欲しかったモノではない」と自分でわかっているから、心が満たされないということ。代替品をいくら集めても、一番には敵わないのです。

3．余計なお金を使わずに済む

最初から本当に欲しいモノに全振りした方が無駄遣いせずに済んで経済的です。どこか妥協したモノ、他人軸で購入したモノは飽きやすいと思っています。

4．値上げ、品質の低下などのリスク回避

ブランド品は年々値上げしていく傾向にあり、天然素材などは将来も同じ品質で手に入れられる保証はありません。ただし、値上げ情報に踊らされて焦って購入しても失敗しやすいので、本当に欲しいモノかどうか見極めてからがいいと思います。

5．理想の自分や暮らしに早く近づける

好きなモノや上質なモノはセルフイメージを高めるために役立ち、早く手に入れればそれだけ自分や暮らしに馴染むのも早くなります。モノに自分を合わせるのではなく、自分がモノの魅力を取り込んで成長していく感覚です。

こんな場合はどうする？

欲しいモノが高くてなかなか買えない

自分のお金の使い方のクセを一度見直してみましょう。本当は買わなくても済むモノに、細かいお金を使っていないか要チェック。私は衝動買いや何となく習慣で買っていたモノを控え、毎月コツコツ欲しいモノ貯金をして目標達成しました。

自分には分不相応な気がして買うのを躊躇してしまう

身の丈で暮らすことはとても素敵だと思いますし、私も心がけていますが、そればかりを意識しすぎると自分の世界が広がらない気もします。今は分不相応でも自分が成長するきっかけになるなら、たまには背伸びをしてもいいのではないでしょうか。

10.

その「欲しい」気持ちは本物？

ブログ読者の方から「物欲が強くて、自分の本当に欲しいモノが何なのかわかりません」とご相談いただいたことがあります。

昔の私がそうだったのですが、「あれもこれも欲しい！」という人の多くは、実はどれもそんなに欲しくないのだと思います。

手に入れるまでが一番楽しくて、いざ自分のモノになったら興味が薄れてしまい、次から次へと欲しいモノが出てくる。自分の気持ちが本物かどうか見極める前に手に入れてしまうから、心が満たされないのです。

そこで、一般的によく言われている本当に欲しいモノの見極め方と、私が考える究極の見極め方をご紹介します。

一般的な本当に欲しいモノの見極め方

○欲しい理由が明確にあるか？

○数年経っても使用するか？

○価格が2倍でも買うか？

○ノーブランドでも買うか？

○自分が大金持ちになっても欲しいか？

私が考える究極の見極め方

○自分が持っている、同じカテゴリーの中で一番好きなモノと交換できるか

この見極め方はとてもシンプルですが、個人的にはもっともしっくりきます。今のお気に入りを手放してまで欲しくないのであれば、自分の気持ちは所詮その程度だということ。そう思えば諦めもつきますよね。

実際ミニマリストの中には、〝1アイテム（カテゴリー）につき、1点しか持たない〟という考えの人も多いです。もちろん究極のミニマリストを目指している人以外は、ここまで厳格化する必要はありません（私は一部のアイテムで適用）。

試行錯誤しながら自分にフィットする見極め方を考えることが大事です。


また、自分軸で選んでいるつもりでも、意外と他人に影響されていることもあります。


都会にいると〝誰かの持ち物を見る、自分の持ち物を見られる〟機会が多いため、〝見栄消費〟しがちになるそうです。

「あの人のバッグ、〇〇の新作だ！　私も欲しい！」

「何だか自分だけ浮いてるかも？　もっと良い服を買おう！」

見栄消費はブランド品に限ったことではなく、例えばＳＮＳの話題づくりのためだけに行列のできる人気店へ行ったり、特に必要性のないモノを「流行っているから」

と購入することなども該当します。

他人に影響されることが必ずしも悪いわけではありませんが、影響されすぎるのはあまりよくないと思います。いつでもどこにいても、自分の価値観を信じてモノを選び、行動することが大事です。誰かの愛用品や流行を取り入れる場合、そこに自分の価値観が反映されているか、一度立ち止まって確認してみてください。

＊

私自身、いつも完璧なモノ選びをできているわけではありませんが、しっくりくる見極め方を頭の片隅にとどめておくことで、失敗は確実に減っていると思います。

11.

買っていいセール品、買わなくていいセール品

私は基本的に服や小物はシーズン初めに買い揃えていますが、セールも好きです。最近は昔と比べてセールの開始時期が早くなっているので、そのシーズンに適した服が本格的に暑くなるor寒くなる前にお得に手に入る場合もあります。

しかし、安さにテンションが上がって余計なモノを買ってしまっては本末転倒。セール中のショップやサイトを覗いて「何かいいモノはないかな？」と目的もなく商品を探すことは、物欲トラップに「捕まえてください」と自分から引っかかりにいくようなものです。

買っていいセール品

○購入後1～2週間以内に使う予定があるモノ（状況は変わるので、来年用のストックはいらない）

○自分にとっての定番品（ショップではなく自分の定番）

ポイントは〝今の自分〟が使うモノを購入するということ。昔の私は「今年はもう着ないかもしれないけど、お得だから来年用に買っておこう」「ショップの定番品がセールになるなんて珍しいから、とりあえず買っておこう」と〝今の自分〟が使うかどうかわからないモノまで買っていました。

買わなくていいセール品

○買いたい理由の大半が価格にあるモノ（値下げ前の価格でも欲しい？）

○カラーやサイズなど妥協する部分があるモノ（買っても結局満足できない）

ポイントは安いからと妥協して買い物しないこと。昔の私は「定価の時は気になららなかったけど、こんなに値下げしているなら買わないと損かも」「本当は他の色が欲しかったけど、残っている色でもいいや」と、モノ自体ではなく安さに惹かれ、手に入れるための言い訳をあれこれ並べて、購入しては失敗するを繰り返していました。

セールは審美眼を磨くチャンスでもある

少し難しいのが、〝セール価格になる前から欲しかったモノ〟の判断です。ずっと欲しかったモノがセール価格になると嬉しいですが、今まで買わなくても済んでいるなら特に必要なモノではない、というのがミニマリスト的な考え方です。

しかし、すぐに使う場合は購入してもいいと思いますし、セールは今まで手の届かなかったモノを手に入れるチャンスでもあります。定価で購入できないモノは分不相応かもしれませんが、たまには背伸びをして上質なモノに触れることもいい経験になるのではないでしょうか。ただし、一括払いできる範囲にしておきましょう。

私がここで「買っちゃダメ」と言わないのは、何事も自分の身を以て体験して、後悔と反省を繰り返しながら、知識と経験を増やしていくことが大事だと考えているからです。

スピード感重視の世の中ですが、この地道な過程が審美眼を磨くための学びになると実感しています。口コミも参考になりますが、最終的には自分がどう感じるか、どう判断するかです。

最後に、「セールでお金を使ってストレス発散！」はオススメしません。ストレス発散になるのは、本当に好きなモノやコトにお金を使った場合だけです。そうでない場合は、一瞬気分がよくなっても、お金を無駄遣いしたストレスがきっと後からやってきます。お金を払って新しいストレスを買ってしまった、という事態にならないようにしたいですね。

12. 止まらない物欲を抑えるコツ

「物欲が止まらない」「衝動買いが我慢できない」という方へ、私が実践している物欲をコントロールする方法をご紹介します。

物欲を抑えるコツ8選

1. 余計な情報は〝見ざる・聞かざる〟

とてもシンプルですが、個人的に一番効果があると感じている方法です。世の中は〝消費者に買わせる仕組み〟であふれています。なんと現代人が1日で受け取る情報量は、江戸時代の1年分に相当するそうです。

街の中もテレビもＳＮＳも広告だらけ。そんな情報の海の中で毎日過ごしていると、いつの間にかモノが欲しくなるように刷り込まれてしまいます。情報が入ってくる前は、必要だと思っていなかったはずなのに。そう考えると少し怖いですよね。

購買意欲を煽る不要なＤＭ・カタログ・メルマガなどは解除することをオススメします。

2．自分の持ち物を再確認する

買い物をする前に、部屋を片付けながら自分が何をどれくらい持っているかを見直してみてください。

○同じようなモノを既に持っていないか
○他のモノで代用はできないのか
○今あるモノで本当に足りないのか

私の場合、持ち物を点検すると「今あるモノで充分かもしれない」と思い直すことが多いです。

3．本当に欲しいモノリストを作る

衝動買い＆無駄遣いが多い方は、あらかじめ自分の欲しいモノをリストアップして、それに沿って計画的に買い物することをオススメします。すぐに欲しいモノ（短期的）、いつか欲しいモノ（長期的）というように、手に入れたい時期を分けると目標がより明確になって、モチベーションアップ間違いなしです。

現在の持ち物を整理し、理想の自分と暮らしをイメージしてからリストを作成するといいと思います。

4．低評価レビューをチェックする

私は物欲センサーが反応したら、まず商品の低評価レビューをチェックするようにしています。自分の判断で購入して成功と失敗の経験を積むことも大事ですが、レビューは購入者の体験談が詰まった宝の山。参考にしない手はありません。

一般的にレビューは新着順や高評価順になっていることが多いので（これも消費者に買わせる仕組みの一つ）、低評価はつい見逃してしまいがち。デメリットをしっかり確認すると、冷静になって購買意欲が落ち着いてきます。レビューが真実なのか見極める目を養うことが大事です。

5．クレジットカードを封印する

古典的かもしれませんが、財布からカードを抜き取り、ショッピングサイトやアプリに登録しているカード情報を全部削除するテクニックです。そうすると支払い方法が現金や振り込みになるので、手元にお金がなければ購入できないし、支払いが面倒に感じて買い物を諦めることが増えます。

私はお買い物中毒だった頃、カード会社に連絡して解約&カードにはさみを入れて物理的に使えないようにしました。最終手段としてオススメします。

6. 過去に失敗した経験がないか思い出す

私は昔からボーダー柄やトレンチコートが似合わないのですが、諦めきれずに何度も挑戦しては撃沈していました。

過去に繰り返し失敗した経験があるモノを「今度こそ成功するかも！」とわざわざお金をかけて手に入れる必要はありません。自分が変わって似合うようになる可能性もなくはありませんが、成功する確率は恐らく低く、もはやギャンブルのようなものです。失敗した自分を認め、潔く諦めることも時には必要だと思います。

7. ブログやSNSで話題にできなくても欲しいか考える

これは私も自戒したいと思っているのですが、新商品などを見かけた時に「話のネタになるかも」「いいねや閲覧数が増えるかも」という考えが頭をよぎることがあります。いわゆる〝見栄消費〟です。

自分が本当にいいと感じて購入するなら問題ないのですが、そうでない場合はやめておいた方が無難です。見せるために買っても、皆きっとすぐに忘れるからです。実際にモノを使うのはフォロワーではなく自分なので、自分の納得できるモノを選ぶことが大事だと思います。

8．買いたくなったら呪文を唱える

レジに並ぶ前に、ネットでポチする前に、物欲を抑えるためのとっておきの呪文を唱えましょう。

お金が減ってイマイチなモノが残るだけ
悩んだら買わない
どんなにお得でも買わなければ０円

私はこの呪文のおかげで欲望がクールダウンし、欲しいと思った商品をそのまま棚に戻すことが増えました。

ちょっと欲しいモノをいくつ買っても、まあまあの満足感にしかなりません。お金は本当に好きなモノ・必要なモノのために残しておくのがベストです。

年間12着チャレンジのすすめ

服をつい買いすぎてしまう方は〝服を年間12着しか買わないチャレンジ〟をぜひやってみてください。自分に合う服を見極める、一着一着を大事にする、物欲をコントロールする、が全部できるようになるいい方法です。ミニマリスト界隈では〝1年間何も買わない〟が主流ですが、年間12着なら服好きな方でも達成しやすいと思います。

＊

SNSでこれらの方法を公開した時、「欲しいの大半はただの欲求不満、ただの気のせい」とフォロワーさんが仰っていて、確かにそうかもと納得しました。

何でも自分のものにしたいと思うから、部屋は散らかるし、お金は減るし、心は乱れるのではないでしょうか。「それは本当に自分のものにしなきゃダメ？」「見るだけでも充分なんじゃない？」と自分に問いかける習慣をつけたいもの。

いくらモノを減らしても、買い癖を直さなければ必ずリバウンドします。すぐにゴミになってしまうような余計なモノを買わずに、満足度の高い買い物をすることが一番です。


心が満たされていると、自然と物欲が落ち着きます。

元々私は物欲が強かったのですが、ミニマルライフを始めてからはだいぶ穏やかになりました。

どうしても物欲が抑えられない時は、必ず使う消耗品や食品など小さな買い物をして、爆発する前に満たしてあげるのもいいと思います。

他には時給（労働時間）に換算する、投資に回そうと考えるなどの方法も効果的です。

13.

冠婚葬祭やオケージョンはどうする？

冠婚葬祭や子どもの卒入学式などのオケージョンは、年に数回しか使わないアイテムが必要になります。これらを所有するかどうかはミニマリストによって様々で、どちらかというと持つ派より持たない派（レンタルする・普段着でOK・購入して使ったらすぐに売却するなど）が多い印象です。

清潔感があってマナーさえきちんと守っていれば、基本的に個人の自由だと考えていますが、私の場合はどうしているのかご紹介します。

喪服

喪服は突然必要になる場合が多いので、慌てないように〝持つ派〟です。両親から贈られた喪服とパールのアクセサリーをずっと使っています。

喪服は元々故人の遺族が着る服で、遺族ではない人が喪服を着るのは「私もご遺族と同じように心から故人を偲び、ご冥福をお祈りしております」という気持ちを表すためだそうです。個人的には普段着ではなく、きちんとしたいと考えています。最近は当日発送してくれる喪服のレンタルサービスもあるので、所有せずにそれを利用するのもありですね。

結婚式のドレス＆卒入学式のスーツ

結婚式や子どもの卒入学式は、だいぶ前から日程がわかっていて準備する時間が充分にあるので〝持たない派〟です。

ドレスは、同年代の友人やいとこたちの結婚ラッシュだった頃は所有していましたが、現在はたまに招待されるくらいなのでレンタルしています。今時の結婚式は〝平服でOK〟なことが増えてきたので、その場合は普段着の中からキレイめのワンピースやセットアップを選んで参加してもいいかもしれません。

子どもの卒入学式は、スーツ姿で働いていた頃はその格好で参加したり、友人のお下がりをもらってまた別の友人に譲ったり、レンタルしたりしていました。最近は有名ブランドのスーツをレンタルできるショップも多く、とてもおしゃれです（人気商品は争奪戦になるデメリットもありますが）。

また、ブログ読者の方から「卒業式と入学式では装いを替えた方がいいでしょうか？」とご相談いただいたことがありますが、卒入学式の主役は子どもたちなので、親の装いはきちんとしていればそこまで気にしなくてもいいと考えています。

水着

プールによってはその場で水着をレンタルできるところもあるそうですが、私は衛生面を考慮して〝持つ派〟です。ジムには通っていないので、活躍するのは子どもたちと長期休暇を過ごす間だけですが、必須アイテムなので手放せません。

我が家の男性陣は、水陸両用で下着なしでも着られるパタゴニアのバギーズをヘビロテしています。私は部屋着や水着のカバーアップとして愛用中です。

＊

私が冠婚葬祭などの特別なアイテムをしっかり準備したいと考えているのは、祖父母の影響が強いかもしれません。畑仕事が趣味でいつも作業着姿だった祖父母ですが、人と会う時は「礼儀だから」と身だしなみをビシッと整えていて、その姿に憧れていました。

年に数回しか使わないアイテムを所有するかどうかは、自分にとって〝保管するスペースが必要なこと〟と、〝借りる手間や慌てて用意すること〟のどちらがより不自由に感じるかによって決めればいいと思います。

column

1

潔く手放してみる。

今使わないなら

役目が終わったら

違和感があったら

好みが変わったら

サイズアウトしたら

大切にできないなら

管理や掃除が大変なら

暮らしに合わないなら

高価で惜しいだけなら

安さだけで選んだなら

見栄で持っているなら

愛着ではなく執着なら

モノは大事、自分はもっと大事。

第2章

暮らし

モノや感情に支配されず、
家族と過ごす時間や趣味の時間を大切にしたい。
ミニマリズムをゆるーく取り入れて、
マイペースに暮らしています。

1.

家族4人、狭小住宅でスッキリ暮らし

狭小住宅で育ち盛りの子どもが2人いる我が家ですが、少ないモノで暮らし、インテリアに統一感を持たせることで、スッキリとした状態をキープできています。見た目の美しさにこだわりすぎず、自分と家族が笑顔で過ごせる居心地のいい空間を目指していきたいです。

LDK・ワークスペース

コンパクトハウスを広く見せるため、LDKは仕切りのないワンルームにしました。インテリアを3~4色でまとめ、モノや家具をあまり置かないようにして、壁や床の余白を大事にするように心がけています。

「広く感じる」と褒められることが多いLDK。窓はすべてガラスフィルムに。目隠し効果があり、ブラインド掃除の手間が減りました。真夏と真冬以外は、基本的にブラインドを上げたままです。リビング横には、リモートワークや子どもたちが勉強するためのワークスペースがあります。

キッチン

一日に何度も使うキッチンは、スッキリ感と使いやすさのバランスが命。自分と家族が使いやすいように、ただ置くだけで整って見える収納にしています。

何もかも隠すと使いづらいので、よく使うモノは出しっ放しにすることも。隠せないゴミ箱はモノトーンで統一し、子どもたちがわかりやすいように100円ショップの分別シールを貼っています。

食器やキッチングッズは、本当によく使うモノだけ揃えています。ブランドにこだわりはなく、もし壊れてしまってもネットや近所で手に入るモノばかり。ミニマライフを始める前は、食器棚の奥にあまり使っていない食器がたくさんありましたが、今は足りないモノもいらないモノもない状態で、とても心地いいです。来客用の食器は持っておらず、基本的に家族と同じ食器を使用しています。

ちなみに手入れが面倒な水切りカゴは使用せず、収納スペースを取らない水切りマットを愛用中です。

グレー×白のカラーリングがお気に入りのキッチン。清潔感が大事なので、シンクとコンロの清潔感に気を付けています。食器は白×ブルーが中心。シンク下には鍋やボウル、コンロ下にはフライパンなど、使う場所の近くにあると便利なモノを分類して置いています。

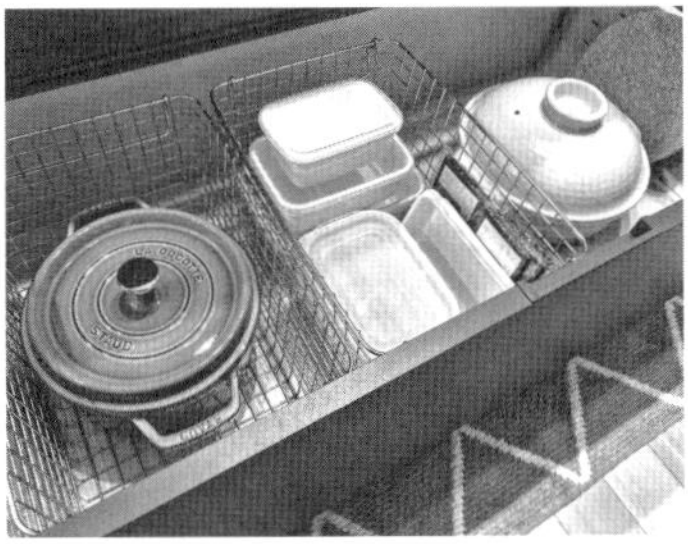

寝室・子ども部屋

現在は夫婦の寝室ですが、将来子ども部屋として使えるように、２部屋に分けられる設計となっています。床に直接マットレスを敷いて寝ていたこともありますが、腰を痛めてしまったため、現在は通気性のいいすのこベッドに落ち着きました。快適に眠れるように、時計も間接照明も置いていません。

「ベッド以外の家具は置かない」と決めていたのですが、最近娘の秘密基地ができました。ピンク色の大きなテントで、ミニマリストとしては設置するか悩みましたが、子どもに今の自分の〝好き〟を大事にしてほしくて。娘の成長と共にいつか手放す日が来ると思います。

息子の部屋は、本人が家具の配置を決めました。高校生や大学生になっても、そのまま使えそうな少し大人っぽい雰囲気の配色です。現在はリビングやワークスペースで勉強していますが、受験生になったら（本人が希望すれば）机を置こうかな？と考えています。ベッドは、掃除しやすいように折り畳み式にしました。

夫婦の寝室は、眠ることに特化した部屋づくりに。おかげで寝室に入った瞬間眠くなります。

可愛いモノが大好きな娘の秘密基地(テント)。中にはミニキッチンやぬいぐるみが。

息子の部屋は、ブルー×グレーが基調。制服など学校関連アイテムとアウターは玄関にあります。

ウォークインクローゼット・収納

稼働率100%のクローゼット。本来はファミリークローゼットですが、現在は夫婦で使用中。ここに喪服を含む、私のオールシーズンのワードローブがあります。服は基本的にハンガーに掛けて収納するスタイル。ウォークインクローゼットは埃が気になるので、オフシーズンの服は衣類カバーの中に収納しています。バッグは透明扉のボックスに入れて、ショップのような見せる収納に。

収納スペースには、日用品・消耗品・掃除道具・家族全員分のパジャマを格納。ミニマリストとしては収納ケースをもう少し減らしたいところですが、子どもが適当に出し入れしてもごちゃごちゃ感を抑えられるので、当分はこのままになりそうです。

すべての服が呼吸できるように、ゆったり間隔でハンガーを掛けると、余白効果で美しく見える気がします。画像には写っていませんが、クローゼットの右奥に小物を収納するスペースがあり、インナー・靴下・ハンカチ・アクセサリーなどを収納しています。

トイレ・バスルーム

トイレマットは敷かず、汚れたらその都度サッと掃除しています。スリッパは来客のためにも手放せません。掃除グッズは、流せるトイレブラシとシートを併用。香りの強い消臭剤は置かず、半永久的に使える炭八を置いています。

バスルームは標準仕様。元からあった風呂蓋と排水口カバーは、掃除が大変なので手放しました。そのうち棚や鏡も外そうと検討中です。

スクイージー（水切りワイパー）と風呂掃除用のブラシをバスルーム内に収納しています。掃除は面倒ですが、掃除グッズがすぐ手の届く場所にあると「ついでにやるか〜！」という気持ちになるのでオススメです。

狭小住宅はメリットだらけ

ミニマリストと狭小住宅の組み合わせはメリットがいっぱい。

収納スペースが少ないため、自然とモノが厳選されるし、面積が狭いので掃除がラクです。冷暖房の効率がよく、光熱費が節約できます。さらに賃貸の場合は家賃を、持ち家の場合は購入資金・固定資産税・修繕費が抑えられるメリットも。

圧迫感がある・収納スペースが少ない・プライバシーが確保しにくいなどのデメリットもありますが、モノを減らすことである程度解決できます。

住まいを整えることは、自分を整えること。部屋がスッキリ片付くと、頭の中も心の中もクリアになっていきます。もちろん散らかっている日もありますが、それはそれでよし。自分の家は自分と家族のもので、誰かに見せるために暮らしているわけではないからです。

私は狭小住宅でのミニマルライフを選択しましたが、暮らし方に正解はなくて、自分と家族が満足しているならそれが一番いい暮らしだと思います。

2.

一年中ほぼ同じ寝具で過ごす

我が家はオールシーズンほぼ同じ寝具を使っており、洗い替えは持っていません。春夏と秋冬の寝具で異なる点は、敷きパッドを使うかどうかのみです（掛け布団は夏の間だけ圧縮して保管）。カバーやシーツ類は「一枚だと不便かな？」と思ったこともありましたが、ガーゼ素材ですぐに乾くため、洗い替えがなくても大丈夫でした。子どもがまだおねしょの心配があった頃は、小さめの防水シーツを敷いていたこともあります。

メリットは衣替えがすぐに終わること、寝具を収納しておくスペースや期間が最小限で済むこと。デメリットは地域によっては難しいこと（寒い地方など）、洗濯する時間がないご家庭には向かないこと（洗い替えを持たない場合）などが挙げられます。

ミニマリストでも快適に眠るためのベッドは手放せません。現在はすのこベッド×エアリーマットレスの組み合わせを愛用中。写真下は、お手入れのためにマットレスを立てているところです。枕や娘のぬいぐるみを窓辺に干しています。

すのこベッド×エアリーマットレスは手入れがラク

マットレスは、ミニマリスト御用達のエアリーマットレスを愛用しています。通気性が高く、寝汗の湿気がこもらないので、普段のお手入れはすのこベッドの上に立てるだけ。軽くて動かしやすいうえにメンテナンスがとにかくラクなので、ズボラな私にピッタリです。丸洗いOKなのも嬉しいポイント。

軽くて持ち運びやすい掛け布団

メンテナンスやアレルギーの問題から、数年前に羽毛布団をやめてポリエステル布団に買い替えました。薄くて軽いので、ベランダに干す時もラクに運べます。暖かさが心配でしたが、真冬でも特に問題はありませんでした。機能性が優れているのに、羽毛布団よりもお手頃価格でありがたいです。

一年中使える万能ブランケット

家族全員お気に入りのバスティスリケの定番コットンブランケット。夏はタオルケットとして、冬は毛布として活躍しています。毛布類はかさ張るので、オールシーズン使える素材だと収納場所に困らずラクです。リバーシブル仕様になっており、季節や気分に応じてカラーチェンジできるところが気に入っています。

薄くて暖かい敷きパッド

冬にベッドに入る時のヒヤッとした感じが苦手だったのですが、マイクロファイバー敷きパッドを使うようになってから、だいぶ軽減しました。心地いいぬくもりに包まれて、朝までぐっすり快眠できます。

一年中ほぼ同じ寝具で過ごす生活になって、5年以上。必要であれば寝具を買い足そうと考えていましたが、どの季節でも特に問題なく快適に過ごせることがわかりました。誰でもどこの地域でも可能な方法ではありませんが、〝季節によって寝具を替える〟という常識を見直してみると、家事が少しラクになるかもしれません。

3.

収納術がいらない片付けのコツ

片付けが苦手なら、収納術よりまずは整理術。不要なモノと一緒に収納グッズも少しずつ減らして、なるべく〝収納せずに済むように整理する〟と片付けがラクになり、スッキリした状態をキープしやすくなります。キレイな家にするために、特別なテクニックは必要ありません。

片付けのコツ10選

1．理想の暮らしをイメージする

片付け&部屋づくりで一番大事なのは、理想の暮らしを具体的にイメージすること。先が見えない状態だと挫折しやすいですが、目的がしっかり決まっていれば、そこに到達するための手段を考えながら頑張れるからです。

貯金に例えると、何となくお金を貯めていくよりも、使う目的がハッキリしている方が上手にやりくりしようとして早く貯まりますよね。

イメージは具体的であればあるほど理想の暮らしに早く近づけるので、ＳＮＳなどを活用して自分の好みに合ったライフスタイルやインテリアを探してみてください。お気に入りの画像を集めてスクラップブック（ファイル）を作ると、自分の求めていることがよくわかってオススメです。

2. 自分が興味のないカテゴリーから始める

どこから片付けるか、順番はかなり重要なポイントです。ファッション好きな方がいきなりクローゼットを片付けようと思っても、思い入れの強さの分だけ要・不要の判断に時間がかかってしまい、スムーズに進まない可能性があります。

自分があまり興味のないカテゴリーから片付け始めた方が、モノに対する思い入れが少ないため、冷静になって見極められるはずです。

思い出の品や人からもらったプレゼントなども後回しでOK。片付けに慣れて、判断力を磨いた後にチャレンジするといいと思います。

3．カテゴリー別に全部出して一気にやる

モノが減ってきたら1日1捨てでもOKですが、まだモノが多い片付け始めの頃は、カテゴリー別に一気に整理してスッキリ感を味わうことをオススメします。ダイエットと同じで、頑張ったのに見た目の変化がないとやる気が下がってしまい、片付けの継続が困難になるためです。

また、モノを収納から全部出すことで、自分が何をどれくらい持っているのか把握でき、余計なモノを増やさずに済みます。

片付け＝イベントだと思って、「今日はここを徹底的にやる！」と覚悟を決めて取り組むのがベストです。ただし、無理は禁物なので片付けは1日1〜2カテゴリーくらい（各30分～1時間程度）にした方がいいと思います。

4．自分にとって大切なモノは手放さない

愛用中のお気に入りはもちろん、自分にとって唯一無二の大切なモノは今使っていなくても残しておいてください。

私は卒業アルバムや賞状などの思い出の品はほとんど処分しましたが、亡き祖母の形見の指輪は生涯大切にしたいと思っています。私にとって、この指輪はモノという枠を超えた存在だからです。「モノを見ないと思い出せないなら、そんなに大切な思い出ではない」という考え方もありますが、私は「モノには魂がある」と言う人の気持ちもわかります。

大抵のモノはまた手に入りますが、捨てハイ（捨てることが快感になっている状態）になって、勢いで本当に大切なモノまで手放さないようにご注意ください。

ただし、「あれもこれも全部大切」はNGです。私は自分にとって〝本当に〟大切なモノは意外と少ないと思っています。

5．〝使えるモノ〟ではなく〝使うモノ〟を選ぶ

モノの要・不要を判断する時は、モノ軸の〝使える・使えない〟ではなく、自分軸の〝使う・使わない〟や、好きかどうかで考えます。

モノがまだ使えるか否かで判断すると、それが今の自分に合わなくても、ほとんど使っていなくても、ボロボロでないならとりあえず残しておくという選択になってしまうためです。

持ち物を整理する前に、優先したい順に4つのカテゴリーに分けるとわかりやすいと思います。

①使う×好き＝必要なモノ
②使う×そんなに好きではない
③使わない×好き
④使わない×そんなに好きではない＝不要なモノ

持ち物が全部①で構成されることがミニマルライフの理想ですが、現実的には難し

い面もあるので、まずは〝①が6割以上・②が3割・③が1割以下〟の状態を目指して片付けを進めていくのがオススメです。④は不要なモノなので、基本的に全部手放します。

私はモノについては〝好き〟よりも〝使う〟をやや優先しているので、このような順序になっています。ミニマルライフは〝好き〟を大事にするライフスタイルですが、使わないモノのためにスペースを使いすぎることは避けた方が無難です。

6．よく使うモノをよく使う場所に置く

収納は、自分や家族にとっての〝使いやすさ〟が最優先。モノを使う場所が収納から遠いと、定位置に戻すことが億劫《おっくう》になり、部屋が散らかる原因になってしまうので、なるべく近くに収納します。

また、見た目の美しさにこだわりすぎて、かえって使いづらくなってしまわないように気をつけたいところです。本当にいい収納とは、誰でも使いやすくて片付けやすい収納のことだと思います。

7. 収納は増やさない、むしろ減らす

収納グッズが増えると「まだスペースがあるから大丈夫」と安心してしまい、必要なモノを選び抜く目が衰えます。モノが収納グッズを呼び、収納グッズがさらにモノを呼ぶ悪循環を断ち切るために、モノと一緒に収納グッズも少しずつ減らしていくことが理想的です。不要なモノを減らせば、収納グッズや収納術に頼らなくても、置くだけで整って見える収納が実現します。時間と労力をかけて収納するほど必要なモノは、実はそんなに多くないのではないでしょうか。

これは荒業ですが、私はクローゼットの服を整理する前に、収納ケースやハンガーをまとめて半分くらい処分したことがあります。収納するスペースがなければ、大量にあるモノの中から厳選するしかなくなるという背水の陣のような方法です。万人にオススメはできませんが、最終手段としてお試しください。

8. 余白は埋めずにそのまま活かす

人は空白があると、無意識に埋めたくなる心理が働くそうです。隙間収納やシンデレラフィット収納が気持ちいいと感じるのもこの心理ですね。

しかし、せっかくモノを減らして生まれた壁や床の余白を他のモノで再び埋めてしまってはもったいない。

ミニマリスト界隈では、〝余白は最高のインテリア〟だと言われています。余白が多いと狭い部屋でも広々とした印象になるし、余白があるからこそ窓・絵画・観葉植物などが映えるのです。

個人的に、部屋の余白は心の余白にも繋がっていると考えています。

9．不要なモノを家に持ち込まない

せっかく不要なモノを手放してスッキリしても、モノの入り口が広いままだと必ずリバウンドします。

不要なレシート、めったに行かないショップのポイントカード、使うかどうかわからない試供品やクーポン券、安さに釣られて購入したセール品など、すぐにゴミになってしまうモノはなるべく家に持ち込まない、持ち込んでもすぐ処分するように習慣化すると後がラクです。

特に無料でもらえるモノや安価なモノは、「懐が痛まないからまあいいか」とつい気がゆるみがちなので要注意。モノの出口を広げると同時に入り口を狭くすることが、ミニマルライフの鉄則です。

10．定期的に持ち物を見直す

生活は〝ナマモノ〟。当たり前ですが、一度片付けたら終わりというわけにはいきません。自分も暮らしも常に変化しているので、定期的に持ち物を点検して、〝今の自分〟に合っているか確認するのがオススメです。

私は掃除のついでや連休中など、月1〜2回のペースで各カテゴリーのアイテムを総点検しています。持ち物をアップデート&余計なモノを増やさないために、最低でも1シーズンに1回はチェックしていただきたいところです。

大事なのは暮らしを楽しむこと

特別なテクニックや収納術をマスターしなくても、誰でもキレイな家を目指せます。最初はモノの要・不要の判断や、物欲を抑えることが大変かもしれませんが、次第に慣れていくはずです。

大事なのは片付けを諦めないこと、そして暮らしを楽しむこと。

片付けを進めるうちに、自分にフィットする整理術がきっと見つかると思いますので、それまではこれらのコツを意識しながらやってみてください。

4.

名もなきシンプル料理で家庭円満

私は正直に言って、料理が好きではありません。頑張れば手の込んだ料理を作ることはできますが、それが毎日続くとストレスが溜まってしまいます。昔は「皆頑張っているのだから私もやらなきゃ……」と自分で自分を追い込み、気分よく家事ができないことが情けなくて落ち込むこともありました。

家庭料理はもっと気楽に、もっと手を抜いていいと思います。全部手作りじゃなくてもいい、SNSに投稿できるような見栄えのいい料理じゃなくてもいい。手の込んだ料理が食べたい時は、たまに外食すればOKと割り切る。

無理して笑顔が消えてしまうよりも、簡単に作れるシンプル料理でストレスを溜めずに笑って過ごす方が、自分にとっても家族にとってもいいはずです。

調理方法も調味料もシンプルが一番

ハンバーグや肉じゃがといった誰もが知っている定番料理は、意外と調理工程が多くて手間がかかります。もっとシンプルにお肉をフライパンで焼いて、塩コショウや焼き肉のたれで味付けするだけでも、立派なおかずの完成です。おいしい食事を用意するために、面倒な調理方法も特別な調味料もたくさんの調理器具も必要ありません。

疲れた日の夕食はサラダ丼

疲れてやる気が出ない日は、生野菜の上に焼いただけの鶏肉をどーんとのせるか、キャベツやもやしと一緒に豚肉をレンチンして、ドレッシングやポン酢をかけるだけのサラダ丼にしています。おかずを何品も作らなくても、一品で肉と野菜をきちんと食べられるので栄養バランスもいいはず。豆腐をプラスすると、さらに満足感が得られます。ワンプレートだから食後の皿洗いもラクです。

何も考えたくない朝はオートミールスープ

朝は焼かないパン、コーンフレーク、フルーツなどが定番です。温かい料理が食べたい冬は、粉末スープ＋オートミールが活躍します。忙しい朝でもすぐに作れるし、体が温まるうえに腹持ちがいいので、ランチまで元気に過ごせます。

平日ランチはメニューを固定化

平日は子どもたちが学校に通っていてリモートワーク中の夫婦だけなので、おかずは具だくさん味噌汁や豚汁に、納豆やサバ缶をプラスしたメニューで固定していきます。夏はそうめんか蕎麦が定番。大人だけならこれで充分です。

余力のある日に野菜をカットしておく

元気がある日によく使う野菜をまとめて切ってジップロックに入れておくと、毎日の料理がだいぶ時短になります。〝野菜炒め用セット〟など、複数の野菜を同じ容器に保存しておくのも手です。

唐揚げや餃子は冷凍食品に頼る

私は揚げ物をなるべくしたくないので、忙しい日の唐揚げは冷凍食品か惣菜コーナーで買うと決めています。餃子も手間がかかる割に自分ではあまり上手に作れないため、いつも冷凍食品です。

最近の冷凍食品は本当においしいので、罪悪感を抱かずにどんどん活用するのがオススメ。冷凍食品や缶詰のストックがあると、「元気がないのに無理して作らなくてもいいや」と思えるし、何となく外食したり出前を注文したりすることがなくなり、食費の節約にもなっています。

無理して頑張らなくなってから、ずっと苦手だった料理が少しだけ好きになれました。家族に「お母さんの料理、おいしいね！」と褒められるとやっぱり嬉しいです。手を抜ける部分は上手に抜きながら、マイペースにやっていこうと思います。

5.

「荷物はこれだけ⁉」と驚かれる旅支度

我が家の旅支度はとてもコンパクト。「荷物はこれだけ⁉」と驚かれることも多いですが、あれこれ詰め込まなくても意外と何とかなるものです。

小旅行の場合（1泊2日）

家族4人リュック一つで小旅行

1泊2日の小旅行の場合、専用の旅行バッグではなく、無印良品のリュックを使っています。お手頃価格なのに、軽くて丈夫・収納力がある・肩が痛くなりにくいのが嬉しい。荷物が少なければ、わざわざ大きな旅行バッグを買い足さずに済みます。

リュック一つだと身軽にサッと動けるので、子どもがウロチョロしても安心です。


大人は基本的に下着だけ取り替えて、着替えは持っていきません。観光地を巡る程度であれば、着替えが必要になるほど服が汚れることは、めったにないからです。２日続けて同じ服装でも、旅行先で出会う人からはまったく気付かれません。気付くとしても宿泊先のスタッフの方くらいなので、あまり気にしなくて大丈夫です。

もちろん、旅行先でおしゃれを楽しみたい場合は、着替えを持っていきましょう。我が家でも、２泊以上・汗をかく季節・アウトドアの予定がある場合は、大人も着替えを持っていきます。

着用済みの下着は、洗濯ネットになるポーチに入れて持ち帰ると、帰宅後そのまま洗濯機へポイできるので便利です。

パジャマやタオルなど宿泊先のアメニティにあるものは、特にこだわりがない限り持参しなくてもいいと思います（※民宿は用意がない場合が多いので要注意）。

逆に我が家でマストな持ち物は、子どものケガや靴ずれ用の絆創膏、私が頭痛持ちなので痛み止めの薬です。他には、天気予報を下調べして必要であれば雨具を入れておくといいかもしれません。

トラベル化粧ポーチの中身

○色つき日焼け止め
○日焼け止めパウダー
○アイブロウ
○リップクリーム（口紅をプラスすることも）
○馬油ｏｒスキンバーム（オールインワンジェルもオススメ）
○薬、絆創膏、綿棒
○水に濡れてもＯＫなヘアゴム

「旅行中も毎日着替えなくちゃ」という思い込みを手放すと、荷物が減らせます。洗濯物が少ないと帰宅後もラクです。

化粧ポーチの中身。色つき日焼け止めは、1本でライトメイクが完了するデルファーマがイチオシ。色がつかないタイプなら、お湯や石鹸で落とせるノブがオススメです。

私は化粧品で肌がかぶれることがあまりないため、宿泊先のアメニティを使うことが多いです。用意されていない場合は、普段使っている化粧品を小さな容器に詰め替えるか、試供品を持参します。

旅行先ではナチュラルメイクでリラックスして過ごしたいので、コスメは最小限に。日焼け対策をしっかりして、眉毛さえ描いていれば何とかなる！と思っています（旅行先で特別な予定がある場合はしっかりメイクします）。

長期旅行の場合

日数に関係なく、着替えは3日分あればOK

旅行先での滞在期間が1週間でも2週間でも、着替えは3日分（トップス2〜3枚・ボトムス2本・ワンピース1枚）が私の定番です（パジャマは除く）。

折り畳みハンガーを持参して、ホテルの洗面台などで洗濯し、バスタオルに挟んで脱水後、換気扇がある浴室や空調の下に干しています。翌朝、まだ半乾きの場合はドライヤーで乾かすことも。

旅行に着ていく服を選ぶなら、乾きやすいポリエステルやナイロン素材がオススメです。寒い季節に旅行する場合は、あまり汗をかかないし、厚手の服だと乾きにくいので、多少の汚れは許容して毎日洗うのは下着だけにしています。

持ち物は機内持ち込みサイズに入る分だけ

海外旅行ではロストバゲージのリスクを回避するために、機内持ち込みサイズのスーツケースｏｒリュックを使うことが多いです。容量が少ないので持ち物を厳選せざるを得ず、現地で使うかどうかわからない余計なモノを持っていかずに済みます。重量オーバーにならないように、なるべく軽いケースを選ぶのがオススメ。

小さな子どもがいる場合はどうしても荷物が多くなるので、機内で使うモノ以外は大きいサイズのスーツケースにまとめて預けた方がラクかもしれません。

海外旅行の服装はシンプルに

私は旅行先でも基本的に普段と同じ服を着回します。現地の気候やＴＰＯに合わせた装いが大事なので、南国リゾートへ行く場合はワンピースを買い足すことも。目立ちすぎず、現地の人に溶け込むような服装を意識しています。服がシンプルで少ない分だけ、小物を多めに持っていっておしゃれを楽しむのもいいですね。

靴は歩きやすいスニーカーやサンダルが1足あれば充分です。もしドレスコードのある場所へ行く場合は、パンプスを別途用意します。靴はシャワーキャップに包んで持っていくのがオススメです。

スリの多い地域では、防犯のためにセキュリティポーチを使用し、一目で高級品だとわかるアクセサリーは着けません。海外では見栄えより安全第一です。

私の海外旅行の必需品

○**ジップロック**…液体物の機内持ち込み袋、衣類の圧縮袋、携帯用ゴミ袋、半乾きの（もしくは汚れた）服を入れる、水と洗剤を入れれば簡易洗濯に使える、現地の財布代わりなど多用途に使える

○**全身シャンプー**…石鹸落ちコスメを使っている場合、これ1本で顔も髪も洗えて便利

○**歯ブラシ、ティッシュ、スリッパ**…海外ではアメニティにないことも多い

○**耳栓**…機内での就寝時に（航空会社によってはアイマスクと一緒にもらえる場合も）

○**洗濯グッズ**…折り畳みハンガー、ピンチハンガー、物干しロープ、洗剤（ホテルのボディソープでも可）

○**除菌グッズ**…除菌ジェル、トイレに流せる便座除菌クリーナーなど

○**黒のワンピース**…ドレスコードのある場所にも対応できる（男性の場合は襟付きシャツかジャケット）

○**ストール、カーディガン**…日焼けや防寒対策、教会や美術館など露出ＮＧの場所にも対応できる

○スカーフ…首に巻いたり、バッグを覆ったりして、コーディネートを簡単にイメチェンできる

○帽子、サングラス、日焼け止め…海外の日差しは強力なので用意しておくと安心

その他、晴雨兼用の折り畳み傘、充電スポットで使えるＵＳＢケーブル、折り畳めるキャリーオンバッグがあると便利です。

慣れない土地への旅行や子連れ旅行は、何かと不安でいろいろなモノを持っていきたくなりますが、大抵のモノは現地で購入することができるので、心配しすぎなくても大丈夫だと思います。私も最初は不安でしたが、慣れてくると「まぁどうにかなるさ」という前向きで柔軟な思考にだんだん変化していきました。

最後に、国内旅行では必ず保険証を持参、海外旅行では保険に加入しておくことをオススメします。

荷物と思い込みを手放して、身軽な旅を楽しみましょう！

ヨーロッパ旅行10日間の持ち物をご紹介します（私一人分／一部は家族と兼用）。

①ジップロック
②スティック型日焼け止め
③ペーパーハンカチ
④除菌ティッシュ
⑤ポケットティッシュ
⑥綿棒
⑦ボックスティッシュ
⑧無印良品 吊るせるケース着脱ポーチ付
⑨携帯用ヘアブラシ
⑩Anker ノイズキャンセリングイヤホン
⑪折り畳みハンガー
⑫折り畳みピンチハンガー
⑬トイレに流せる便座除菌クリーナー
⑭デンタルフロス
⑮風邪薬、痛み止め、絆創膏
⑯歯ブラシ
⑰液体物（化粧水、バーム、全身シャンプー、歯磨き粉、洗剤etc）
⑱トラベル化粧ポーチ
⑲Belkin ワイヤレス充電器&アダプター
⑳MOTTERU エコバッグ
㉑スキミング防止ミニ財布
㉒無印良品 トラベル用変換プラグアダプター
㉓ボールペン

column

2

豊かさは、心が満ち足りていること。

おしゃれは、自分自身を知ること。

強さは、寛容であること。

友人は、会うと笑顔になれる人。

お金は、自由を広げるもの。

美しさは、内面からあふれるもの。

大事なものは、交換できないもの。

特別は、些細な日常で見つけたもの。

私がミニマルライフで得た知見。

第3章

心の持ち方

物事を複雑に考えて、心を窮屈にしているのは、
意外と自分自身かもしれません。
自分の行動や思考を整理してシンプル化することで、
心まで軽くなっていきます。

1. 本当に大切にできる人には限りがある

私は「短い人生の中で、自分が本当に大切にできる人数には限りがある」と考えています。みんなに好かれようと全方位に配慮したり、苦手な人にいつまでも振り回されたりしていては、心も体も疲弊してしまうし、いくら時間があっても足りません。

そのため、自分は誰と一緒にいる時に幸せを感じるのか、よく考えて人付き合いをする必要があります。

付き合う人を選ぶことで余裕が生まれる

私が大切にしたい人

会うと笑顔になれる人、他人を尊重できる人、一緒にいて心地いいと感じる人、やる気や自信を与えてくれる人、尊敬できる人、学びのある人

私が距離を置きたい人

会うと心が疲弊する人、自己中心的な人、いつも不機嫌な人、愚痴や悪口ばかりの人、やる気や自信を奪われる人、自分を大切にしてくれない人

自分の時間は大切な人と過ごすために使い、会うと何だか疲れてしまう人とは距離を置くことで、心身ともに余裕が生まれるはずです。

〝付き合う人を選ぶ〟と言うと冷たく聞こえますが、人間関係をシンプルにした分だ

け、大切にしたい人をもっと大切にできるのではないかと思います。

また、離れていく人は追わず、それを悲観しないこと。もし縁があれば、人生のどこかで再び交わる日が来るかもしれません。

私が人生で大切にしたい人は、家族と数少ない友人たちです。それぞれのエピソードと私なりの人付き合いのポイントをご紹介します。

尊敬できる友人と信頼関係を築く

私には小学校時代からの親友がいます。近所に住んでいるので、道端で偶然会った時はそのままどちらかの家に行ってお茶することも。

ある日、私が「もう30年も一緒にいるね」と言うと、彼女は「私はずっとそばにいただけだけどね」と笑いました。

どんな時でも、ただそばにいてくれる。それがどれだけ心強いか。彼女は私が苦しんでいる時に一緒に悩み、大きな助けになってくれました。

生前の祖母から「調子がいい時に近づいてくる人はたくさんいる。苦しい時に味方でいてくれる人こそ大切にしなさい」と教わりましたが、私にとって彼女がまさにそうで、皺だらけのおばあちゃん同士になっても仲良しでいたいと思う、生涯大切にしたい人です。

他にも学生時代の友人や、社会人になってからできた友人が数人いますが、全員それぞれ素敵だなと思うところがあって、皆と一緒にいると何だか自分を好きになれる気がします。

性格や考え方は、良くも悪くも周囲にいる人から少なからず影響を受けるものなので、なるべく自分がこうなりたいと尊敬できる人と関わった方がいいと思います。

逆に尊敬できない人と一緒にいると、自分も同じように染まってしまう恐れが。違和感がある人からは早めに離れるのが賢明です。

私の経験上、その違和感は時間の経過とともに強くなっていく傾向があるため、モヤモヤした気持ちで過ごす時間がもったいないと思います。

これまでの人間関係を潔く手放すことも、時には必要なのではないでしょうか。

夫との付き合いで特に大事にしていること

私と夫は年齢が近く、共通の趣味がある友人のような、子育てにおける同志のような存在です。

新婚の頃は価値観の違いから喧嘩になることもありましたが、お互いの考えや気持ちをしっかり話し合うようになってからは、穏やかな関係が続いています。

価値観のすり合わせで特に大事なのは、相手の〝されたら嫌なこと〟をしないこと。

子どもの頃に「自分がされて嫌なことをしたらダメだよ」と教わりましたが、私と夫は〝されたら嫌なこと〟にだいぶズレがあったので、お互いの不満に感じるポイントを伝え合いました。

察してほしいと願うよりも、思い切ってストレートに伝えた方がきっとラクです。

また家事や育児に関して、自分がやっていないこと、できないことでなるべく不満を言わないようにしています。

○掃除や片付けをしてくれた人に「まだ散らかってない？」と言わない
○料理を作ってくれた人に「今日はこれだけ？」と言わない
○やったことがないのに「大したことない」と言わない
○不満があるなら自分でやる、自分でやらないなら口を閉じる

夫婦って、親や子どもよりも人生を共に過ごす時間が圧倒的に長いですよね。それなのに、毎日お互いへの不平不満を募らせてばかりでは、自分の人生も相手の人生ももったいない。私は完璧な妻でも母でもないし、それは夫も同じです。

もちろん、上手くいかない時もありますが、せっかく縁があって一緒になったので、お互いに感謝の気持ちを忘れず、「幸せだな」と感じる時間をたくさん共有していきたいと思っています。

2.

天然ミニマリスト夫の生き方

私の夫はミニマリストではありませんが、私よりずっとミニマルな生き方や考え方をしています。どんな時でも自分が「面白そう」と思った道を選び、決して後悔しない夫。

そんな夫の名言（迷言？）の中から、特に私の心に響いた言葉をご紹介します。

肩書きはいらない

「一生グーグル検索されない平凡な人生がいい」

「僕がミニマリストになろうと思ったら、僕はミニマリストじゃなくなると思う」（あ

なたはミニマリストでは？と聞かれて一言）
もしミニマリストと名乗ったら、ミニマリストであろうと行動してしまうため、かえってミニマリストから遠ざかると言っていました。深い。

名前や住んでいる場所にこだわらない

「名前はなんだっていい。名字が変わっても、自分が自分でいることに変わりはないから。住まいもどこだっていい。どこに住んだってそのうち慣れるし、大抵のことは何とかなるから。

人生で大事なのは、名前とか住んでいる場所じゃなくて、自分はどう生きたいのか、誰と一緒にいたいのかだと思う」

夫は婿養子なのですが、旅行バッグ一つで私の地元へ引っ越してきて、婿入りしました。夫の友人や同僚の皆さんは、あまりの思い切りのよさに驚いていたそうです。

いつだって自分を信じる

「自分はマイペースに働く方が性に合っている。そう気付いて会社を辞めて起業した。自分の腕一本で食べていける自信があったから。

人生のターニングポイントで即決できて、その選択にまったく後悔しない楽観的な性格は、僕の最大の強みかもしれない。〝絶対に上手くいく〟と信じ込んでいれば、案外そのとおりになるものだ」

夫の仕事のポリシーは、最小限の労力で最大限の成果を挙げること。もっとラクに働きたいという原動力が、思わぬ成功へと導いてくれることもあるそうです。

お金は幸せの物差しじゃない

「独身の頃は、擦り切れるまで何年も同じ服を着ていたし、家具や家電が最小限の狭いワンルームで充分だった。節約を意識していたわけじゃなく、それが僕の日常で、むしろお金にはまるで無頓着だった。

当たり前だけど、稼いでいる以上に使わなければ、お金が足りないだなんて事態にはまずならない。余計なことにお金を使いすぎている人ほど、自分はお金がないから幸せになれないと言う。僕は生きるためにお金は絶対必要だけど、幸せになるために絶対必要だとは思わない」

夫の考える幸せは、大金がなくても叶えられることばかりで、お金は本当に必要な分だけあれば充分だそうです。自分を良く見せるため、人から羨ましがられるような暮らしをするために、無理してお金を稼いでもきっと幸せになれない、と。

自分の人生に責任を持つ

「僕は子どもに勉強しなさいとは言わない。息子はもう中学生だし、自分の人生だから自分で考えなさいと伝えている。

親が子どもにできることは、彼らの選択肢を可能な限り広げておくこと。環境を整えたうえで、どんな道を歩むかは子どもを信じて本人に任せる。いつまでも親の敷いたレールの上を歩かせていたら、子どもは自分で何も判断できない大人になるだろうから。

ただし、自分が選んだことには責任を持たなきゃならないと教える。厳しいけど、それが現実だから」

我が家は私より夫の方が教育熱心。と言っても、あれこれ世話を焼かずに本人の自主性に任せています。

もちろん、自分の人生に責任を持たなくてはならないのは大人も同じで、仕事もパートナーも全部自分で選んだから、上手くいかないことがあっても誰かを責めることはできない、と言っていました。

必要以上に期待しすぎない

「誰かに対して必要以上に期待してしまうのは、相手に依存しているから。僕は一人でいても平気なタイプで、人からは寂しく見えるかもしれないけど、誰かと一緒にいることで感じる孤独もある。

だから家族に依存せずに〝パートナーや子どもがいて幸せ。でも自分一人でも充分幸せ〟という精神で生きるのがベストだと思う。期待しない、執着しない、自分の幸せを人に委ねない。一人でも皆といても、幸せを感じられる人は強い」

他人と比較して落ち込まない

「他人との差を〝自分の伸びしろ〟と捉える。自分も頑張ればそこまで行けると考えて努力する。もし頑張れないなら、それは自分が本当に好きなことじゃないって証拠」

人間関係で無理しない

「この人とは合わないって自覚した方がお互いにラクだと思う。自分や相手が悪いわけじゃなくて、ただ単に合わないだけ。それが親でも子どもでも同じ。血の繋がりは関係なく、合わないものは合わない。だから無理に合わせようとして、自分を消耗したり責めたりしなくていい」

万人ウケは必要ない

「万人ウケするってことは、誰にも深く刺さらないってこと。自由に書きなよ」

私がアンチコメントに傷ついている時に励ましてくれた言葉です。個性的であればあるほど評価は分かれやすくなりますが、その分応援してくれるファンも増えます。

人生の幸福度は変わらない

「どの選択肢を選んでも幸福度は変わらないから、迷ったらサイコロでも振って決めたらいい。後悔しない人は正しい道を選び続けてきたわけじゃなくて、ただそういう性格なだけ。後悔する人はどの道を選んでも後悔する。悩むって疲れるし、時間がもったいない。後悔している間に後悔しない人に置いていかれる」

人生の無駄を愛する

「無添加より微添加。無添加は体にはいいかもしれないけど、心には物足りない。人生も一緒」（ポテチを食べながらの一言）
「他人からは無意味に見えることに一生懸命になれる人生が最高」（ゲームをしながらの一言）

夫は何でもすぐに忘れます。これらの言葉も恐らくもう半分は覚えていないでしょう。夫いわく、「頭の中の余計なモノを捨てている」のだそうです。

たまに大事なことまで忘れている気がしますが、これが人生を楽しく生きるコツなのかもしれません。

3.

母のシンプルライフから学んだこと

60代の母は、老前整理を進めながらシンプルライフを満喫しています。私にとって母は人生の大先輩であると同時に、モノを持ちすぎない暮らしの師匠のような存在です。

私が母の暮らしから学んだことを母の言葉と一緒にご紹介します。

人生は短い、若い時代はもっと短い

「自分のやってみたいことは、何でも今すぐやらなきゃ気が済まないの。後回しにしていたら、次はいつチャンスが来るかわからないから」

母の行動力は、本当にものすごいです。一度やると決めたら、時間をおかずに即実行。目的を達成するまで、ノンストップで駆け抜けます。夫いわく、「お義母さんはブレーキの付いていないスポーツカー」とのこと（褒め言葉です）。

母が有言即実行を心がけているのは、人生で自由に動ける時間には限りがあると知っているから。一日でも若いうちに、少しでも体力と気力のあるうちに、自分のやりたいことをやっておきたいのだそうです。

私も母を見習い、自分のやりたいことは先延ばしにせず、なるべく早くチャレンジするようにしています。ブログや電子書籍の出版をやってみようと思えたのも、母の影響が強いかもしれません。

自分にとっての当たり前は更新されていく

「あるのが当たり前だと思っていたけど、使っていないならいらないかなって。当たり前は更新されていくよね」

押し入れの扉を外したり、カーテンをやめて窓にガラスフィルムを貼ったり、炊飯器や風呂蓋、嫁入り道具のタンスを手放したりするなど、一般的な家庭によくあるモノや、体力が衰えて重たく感じるようになったモノを次々に見直している母。

今まであって当然だと思っていたモノでも、意外となくても何とかなるし、むしろない方が快適になる場合もあると気付いたそうです。過去や世間の常識にとらわれずに、今の自分やライフスタイルに合わせて、モノとの付き合い方を柔軟に見直していくことが大事だと思いました。

欲しいモノを今あるモノで作ってみる

「何でも新しく買い足せばいいってものじゃないのよ。今あるモノで工夫するの」

母はモノが壊れたり、何か不便なことがあったりしても、まず家にあるモノで何とかしようとします。空のファイルボックスに穴をあけてケーブルボックスを作ったことや、押し入れの中板を外してワンピース用クローゼットにしたことも。

買った方が早くてラクかもしれませんが、余計なモノを増やさず、不要になったモノをゴミにしなくて済むので、母にとっては一石二鳥の方法だそうです。

母の姿を見て、知恵を絞って工夫することは、暮らしを豊かにすること、人生を楽しむことに繋がるのではないかと思いました。むやみにモノを増やさないために、私も自分のできる範囲で創意工夫していきたいです。

持ちすぎない暮らしでも個性を大事にする

「何もない部屋には惹かれないかな。整っているけど、そこで暮らす人の毎日が想像できるような住まいが好き」

ミニマリストとしては何もないガラーンとした部屋にも憧れるのですが、私も母と同じように、住んでいる人の個性が垣間見える部屋の方が好きかもしれません。

例えば、ジャズのポスターが飾ってあったら音楽好きなのかなと想像するし、おしゃれなカップが並んでいたら優雅なティータイムを想像します。モノが少なくても、その人らしさが伝わってくる空間って素敵ですよね。

実家の玄関にはいつも季節の花や盆栽が飾られ、廊下の壁には父が撮った風景写真が並んでいます。

モノ選びにこだわりすぎない

「100点満点のモノを見つけるってすごく難しいから、使いやすければ〝ほどほど好き〟で充分。こだわりすぎると、モノを探すことがストレスになって疲れちゃう」

私はどちらかというとモノへのこだわりが強い方で、できれば気に入ったモノだけ持っていたいタイプです。しかし、母の言うように、こだわりすぎると少しの欠点も妥協できなくなってモノ選びが困難になる恐れがあり、何だかそれも不自由だなと思うようになりました。

何事もこだわりすぎずに、ほどほどがちょうどいいのかもしれません。今はすごく気に入ったモノが見つかればラッキーくらいに考えています。

母はいろいろなことに興味があって、新しいことに何でもチャレンジする人です。私が実家に寄るたびに、何かしら変化があります。母がいつまでも若々しい秘訣はここにあるのかもしれません。私も母のように、身も心も軽やかでいたいです。

約10年前にリフォームしたキッチンは、よく使うモノだけが置かれていて、使い勝手抜群。以前は大きいダイニングテーブルを使っていましたが、最近コンパクト化しました。新しいイスは軽量なうえに肘掛けをテーブルに引っ掛けて浮かせられるので、掃除がラクになったそう。

4.

ミニマルライフと子育ての両立

子どもがいると、とにかくモノが増えます。その量は夫婦2人暮らしの比ではありません。ミニマルライフと子育ての両立は難しいのでしょうか？

子どもがいたらミニマリストを諦めるべき？

結論から言うと、ミニマリストを諦めなくても大丈夫です。ただし、子どもに必要なモノはミニマルライフと分けて考え、モノが増えても仕方ないと割り切る覚悟が必要になります。特に乳幼児の間は哺乳瓶、おむつ、ベビーカー、抱っこ紐、専用の食器、おもちゃ、絵本などスペースを取るものがたくさんあり、家中がモノであふれて、ため息をつきたくなる日もあるかもしれません。
しかし、これは一時的なもので、多くの場合は小学校高学年になるまでにだいぶ落ち着いてきます。我が家の場合、子どもが小さい頃の数年間は、大人の持ち物を減らすことに注力して、全体の数が増えすぎないように調整していました。

個人的には、子どもの私物は無理にミニマル化せず、成長に合わせて本人に管理を任せる方がいいと考えています。モノの要・不要をはじめ、子どもには何でも自分の頭で考えて判断できるようになってほしいからです。

まだ小さいうちは収納スペースを決めておき、「おもちゃはこの箱に入るだけにしようね」と管理できる上限を教えてあげるといいと思います。

子どもがミニマルライフを好きになるかどうかは、子ども自身が決めること。リビングや子ども部屋が散らかり放題になることもありますが、それも成長の過程だと見守ることにしています。

子どものうちに身につけたい感覚

我が家では、子どもにできる範囲で掃除や片付けの手伝いを頼んでいます。「清潔だと気持ちいい」という感覚を子どものうちに身につけさせたいと思っているからです。

清潔感があると人から好印象を持ってもらいやすいし、キレイに掃除した部屋は衛生的で病気になりにくいなどのメリットがあります。〝清潔に過ごすこと〟は本人のためになるのです。

また、掃除や片付けを通して、子どもの段取り力や工夫する力が伸びていると実感しています。息子は片付けが苦手で、いつも教科書やプリントがごちゃごちゃでしたが、何回も片付けを繰り返すうちに、だいぶテキパキと整理整頓できるようになりました。どうすれば早く片付けられるか、自分が使いやすいか、だんだんわかってきたようです。

自分で要・不要を見極め、自分の意思で手放す練習をする

月1回くらいの頻度で、廊下などに袋を置いておき、子どもに「もう遊ばなくなったおもちゃや、読まなくなった本があれば入れておいてね」と声をかけています。自分でいるモノといらないモノを見極められるようになるための練習です。何も入っていない時もあれば、数点入っている時もあります。

我が家では下の子が5歳になった頃から始めました。親に黙って捨てられてしまうと納得がいかないことも多いと思うので、本人の意思で手放すことが重要だと考えています。子どもが小さいうちは、親が付き添って一緒に仕分けするといいかもしれません。

子どもの持ち物はカラフルでいい

最近シンプルなデザインで、モノトーンやくすみカラーのおしゃれな子ども服・おもちゃ・行事グッズをよく見かけます。視覚的ノイズが気になるミニマリストとして

はもちろん嬉しい流行ですが、我が家の子どもたちは大人のそんな思惑は一切関係なく、自分の好きなモノを自由に選んでいます。

娘は可愛いキャラものや、ピンクやイエローなどの華やかな色が大好きで、服もおもちゃも色と柄にあふれて大渋滞状態。でもこれでいいのです。私だって子どもの頃はカラフルなモノが好きだったし、今もこうして自分の好きなようにミニマルライフを楽しんでいるのですから。子どもたちには自分の〝好き〟を大事にしてほしいと思っています。

子どもの作品は最高のアート

子どもが学校から持ち帰った作品は、しばらく家の中に展示して楽しんでいます。数週間後に本人に残しておくかどうか確認して、もういらないと言ったら写真を撮って処分。本人が特に気に入っている作品は、額縁に入れて何年も飾ることもあります。来客の方に褒められて、子どもたちも嬉しそうです。おしゃれなポスターも素敵ですが、子どもたちの作品は〝今しか描けない最高のアート〟なので、これからも存分に楽しみたいと思います。

ちなみに子どもたちからの手紙は、処分せずに取ってあります。天然ミニマリストでモノにあまり執着がない夫も、子どもたちからの手紙は別のようで、「死ぬ前に読み返したいからファイルに残している。子どもたちが反抗期になって喧嘩した時はこれを読んで心を落ち着かせるよ」と言っていました。

家族に片付けてほしいときの対処法

ブログ読者の方から「どうしたら家族が片付けてくれるようになりますか？」とご相談いただいたことがあるのですが、片付けるメリットと片付けないデメリットを本人に理解してもらうか、片付けのシステム自体を見直すしかないと思います。

人間はつまらないことより楽しいことがしたい生き物。片付けに対して何のメリットも感じていない相手に「片付けなさい」といくら言っても、効果はあまり期待できません。
例えば、小さな子どもにおもちゃを自分で片付けられるようになってほしいなら、このように声をかけるといいかもしれません。

片付けるメリットを提案
「遊んだ後にきちんと片付ければ、今度遊ぶ時に探さないで済むからすぐ遊べるよ」

片付けないデメリットを提案
「おもちゃを出しっぱなしにしていたら、踏んで壊してしまうかもしれないし、足をケガして危ないよ」

片付けを楽しいことに変換
「おもちゃをおうちに戻してあげるゲーム（競争）をしよう」

この他に、片付けのシステム自体を見直す方法もあります。家族の私物がいつも同じ場所に置きっぱなしになっているなら、そこが本人にとって最適な収納スペースということなので、いっそ正式な定位置にしてしまうのも手です。

もちろん、これらの案は相手によっては上手くいかない場合もあるでしょう。厳しいことを言いますが、私は家族であっても他人を変えることは難しいと思っています。変えられるのは自分だけ。自分の家族に対するアプローチを見直し、本人が片付けに意味を見いだすまで見守るしかありません。

ミニマリスト界隈では「自分が楽しそうに過ごしていたら、家族がミニマリズムに興味を持って自分から片付け始めた」という話をよく耳にします。

家族を否定せずに様子を見ながら、ゆるーくミニマルライフを楽しむのが一番です。

5.

自分らしく心穏やかに暮らすために〝しない〟こと

物事を複雑に考えて、心を窮屈にしているのは意外と自分自身なのかもしれません。モノを手放すことはミニマルライフの一面にすぎず、自分の行動や思考を整理してシンプル化することで、心まで軽くなっていきます。

自分らしく心穏やかに暮らすために、私が〝しない〟ことをご紹介します。

やりたいことを先延ばしにしない

人生の時間は有限。自分の体力とやる気があるうちに行動するようにしています。

次のチャンスはいつ訪れるかわからないので、「やってみたい」と思った時が始め時です。

失敗を恐れない、成功への執着を捨てる

「失敗したら恥ずかしい」「やるからには成功して評価されなきゃ嫌だ」という小さなプライドは捨てて、とりあえず何でもチャレンジしています。たとえ失敗しても、評価されなくても、それが自分の経験になると思えば無駄ではありません。

やりたくないことは頑張らない

やりたくないけどやらなければならないことは、いかに効率よくラクにできるか考えます。手を抜けるところは抜いて、余った時間と体力を本当にやりたいことに回すのが賢いやり方です。

モノや他人に執着しない

失うことを恐れすぎないこと。執着心は自分の視野を狭くして、心の自由を奪います。モノや他人のことで頭がいっぱいになっていたら、自分自身を見失ってしまう事

態になりかねません。

過去にとらわれない

それが失敗体験でも成功体験でも、今の自分の足取りを重くするなら手放します。過去にとらわれず、いつも今の自分に価値を見いだせる自分でいたいです。

余計なことを話さない、聞かない

口は災いの元なので、不用意な発言は慎みたいもの。臆測で話したり、他人の噂話に参加したり、うっかり自慢話をしたり、プライベートを詮索するような不躾な質問をしたりしないように気を付けています。

「～すべき」と言わない

人それぞれ正解は違うため、自分の価値観を押し付けるような表現はなるべく避けたいと思っています。私自身、何かを強制されることが苦手なので、まわりの人にも自分らしく自由でいてほしいです。

頭ごなしに否定しない、批判しない

相手の事情をよく知らないのに、勝手に決めつけて否定しないようにしています。誰かを批判したくなる時は、実は自分自身に不満があるのかもしれません。自分を冷静に見つめ直せば、自分の中の一体何が他人を攻撃させるのかわかると思います。

やる気や自信を奪われる人には近づかない

「あなたには無理だよ」「やるだけ無駄だよ」と自分の自信の根を摘み取られてしまう人とは、そっと距離を置くようにしています。本人に悪気はなく、親切心で言ってくれている場合もあるかもしれませんが、自分が成長できるチャンスを大事にしたいです。

怒りをすぐにぶつけない

イラッとしたらまず深呼吸。なかなか難しいですが、怒りを自分でコントロールできるのが大人だと思っているので、できるだけ冷静に対処するように努力しています。

他人の目を気にしすぎない

人からどう見えるかより、〝自分がどうありたいか〟の方がずっと大事です。とはいえ、完全に気にしないようにするのは僧侶でも難しいそうなので、気にしてしまう自分を情けなく思う必要はないと思います。

幸せを比較しない

小さなことにも幸せを感じられる心の余裕を持ちたいです。他人を羨むより、自分なりの幸せを見つけることが大事だと思っています。自分の生き方に満足していれば、他人のことは気にならなくなり、自分もまわりの人も尊重することができるようになります。

＊

私はミニマルライフを始めてから、物事をだいぶシンプルに考えられるようになり、自分の心のバランスを上手に保てるようになりました。まだつい頑張りすぎて疲れ切ってしまう癖や、まわりと自分を比較して落ち込んでしまう癖は、完全に抜けてはいませんが、少しずつ確実に変わっている気がします。

私にとっての本当の幸せは、大金持ちになることでも名声を得ることでもなく、自分の暮らしや生き方に自分自身が心から満足すること。

これからもモノだけではなく、余計な行動や思考を一緒に手放して、身も心も軽やかに自分らしく暮らしていきたいです。

6. ミニマリストらしさより自分らしさ

ミニマリズムはもっと自由でいい、ミニマリストはもっと多様性があっていい。大事なのはミニマリストらしさよりも自分らしさです。厳密な定義やイメージに縛られすぎず、自分の好きなように心地よくミニマルライフを楽しめばいいと思います。

ミニマリストらしさという窮屈感

日本におけるミニマリストのイメージは、〝何もない部屋〟や〝生活に必要な最小限のモノで暮らす人〟でしょうか。最近は倹約家や清貧な暮らしという印象も強くなった気がします。このような世間で浸透している〝ミニマリストらしさ〟からはみ出ると、「あなたはミニマリストではない」と批判されることがあり、それに疲れて発信活動をやめてしまう人も出てきました。

私はこういった批判を目にするたびに、「ミニマリズムってこんなに窮屈だったたっけ？」と疑問に思うのです。

「ミニマリストはみんな同じような部屋で、同じような発信をするから個性がない」と耳にしたことがありますが、これも窮屈感による弊害なのかもしれません。

ミニマリストらしさに縛られすぎると、自分らしさが消えてしまいます。ミニマルライフは余計な物事を手放し、自分にとって本当に大事な物事にフォーカスすることによって、個性がより一層際立つ暮らし方だと思っているので、何だかもったいないなぁと感じます。

そもそも「ミニマリストはこうあるべきだ」と誰が決めたのでしょうか。

自分らしく暮らせないのなら、別にミニマルライフじゃなくてもいい。
世間がイメージするミニマリストの枠に、無理やり自分を収めようとしなくていい。
本来であれば、そんな枠を全部ぶっ壊して自由になるのがミニマリズムだと思うのです。

個人的には、趣味にどーんとお金をかけて楽しむミニマリストや、長年愛用しているブランド品をさらっと身につけるミニマリスト、リュック一つ背負って世界中を旅して回るミニマリストなど、個性豊かな暮らしをもっと見てみたいなぁと思います。

余計な物事を手放した先に、その人が何を考え、何をするのか。
ミニマリストになった後に見えてくる〝自分らしさ〟。私はそこに興味があります。

世の中にはいろいろな人がいて、それぞれの人生と暮らしがあるように、ミニマリストにも多様性があっていいのではないでしょうか。

「ミニマリストこそ個性的であれ！」と私は思うのです。自分なりのミニマリズムで、自分の〝好き〟を思いっきり楽しもうよ、と。多種多様なミニマリズムにあふれた方がきっと面白いはずです。

ちなみに私は、〝ミニマリスト＝自分にとって本当に必要なモノや大事なコトをわかっている人〟だと、自分なりに解釈しています。

ミニマリストにならなくてもいい

私は無理してモノを手放したり、ミニマリストを目指したりする必要はまったくないと思っています。

ミニマリズムは私の人生に大きな影響を与えてくれましたが、それは私とミニマリズムの相性がたまたま良かったからであって、万人にフィットするとは限らないからです。

大事なのは〝自分らしく暮らしているか、今の暮らしに満足しているか〟であり、自分の理想の暮らしを実現するためにもし必要ならモノを減らせばいいし、そうでないなら無理せず自分に合ったライフスタイルで日々の暮らしを楽しめばいいと思います。

私の両親は父がマキシマリスト、母がシンプリストですが、二人とも自分らしい暮らしを満喫していて楽しそうです。捨てる生き方も捨てない生き方も理解できるし、どちらがより素晴らしいとか優劣はありません。

あの人はあの人の暮らしを、私は私の暮らしをそれぞれ楽しめばそれでいい。人の数だけ暮らし方や生き方の正解があるのだと思います。

column 3

ぼーっとする時間を

「人生の余白」と呼ぶ。

私は体がしんどい時はひたすら寝て、

心がしんどい時はぼーっとしています。

無駄なようで実は人生に必要な時間。

感情や思考が無意識に

整理されていく気がする。

文字がぎちぎちに詰まった本より、

適度に余白がある本の方が

読みやすいでしょ。

無理せず休もう。

第4章

愛用品紹介

安くても高くても、同じように
吟味してから買うのがポリシー。
モノ選びにこだわりのある私が選び抜いた、
愛用品を一挙公開します。

ファッション

ユニクロ

カシミヤセーター

ロンT感覚でヘビロテしている、メンズのセーター（Sサイズ）。私は自己責任で、洗濯機の手洗いモードでガンガン洗っています。

ユニクロU

Tシャツ

ヘビロテしてもヘタりにくい、ミニマリスト向けの耐久力。私はワンサイズ上を愛用しています。特に骨格ウェーブの方にオススメ。

10YC

シャツ

ズボラーさんのための、シンプルなカジュアルシャツ。部屋干しでも約3時間で乾き、洗濯後もアイロンいらずの優れもの。

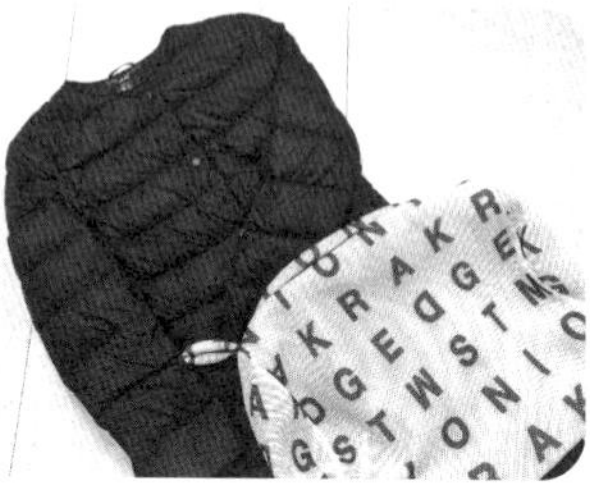

ユニクロ

ウルトラライトダウン

自宅で気軽に洗えて便利な極軽アウター。薄いのでクローゼットでもかさばりません。Vネックにすればキレイめな印象に変化します。

ファッション

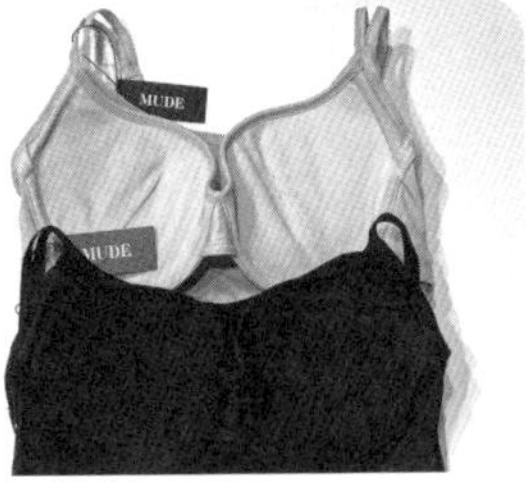

MUDE

ブラキャミ

重ね着したくない夏にピッタリ。服からチラ見えしても下着感のないデザインです。一般的なブラジャーと同等のホールド力で安心。

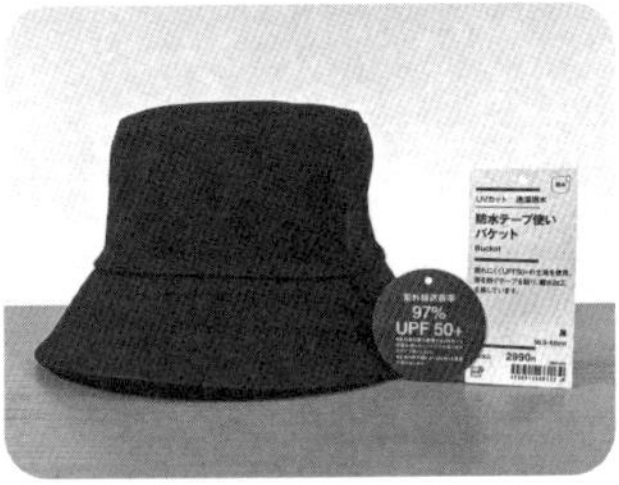

無印良品

UVカット透湿撥水防水テープ使いバケット

紫外線や花粉対策に欠かせない帽子。バケットハットの中では、つばが広めで小顔効果あり。一年中使える素材&洗濯機で丸洗いOK。

しまむら

ファイバーヒート(綿)

コットン＝暖かくない、というイメージを覆された逸品。肌に優しく、着心地抜群。厚手タイプなら、グンゼ ホットマジック極がオススメです。

ニューバランス

レザースニーカー

愛用歴15年以上。いろいろなスニーカーを試してきましたが、履き心地の快適さはニューバランスが断トツでNo.1です。

バッグ＆ジュエリー

ヴァレクストラ

2wayショルダーバッグ

フォーマルにも普段にも使える『ミニイジィデ』。デザインの美しさと留め具などの機能性を兼ね揃えた"機能美"が見事です。

エルメス

ショルダーバッグ

Hマークのパンチングが印象的な『ミニエヴリン』。真っ赤な発色が美しく、モノトーンの服と相性抜群で意外と使いやすいです。

ヴァンクリーフ&アーペル

ネックレス&ブレスレット

『アルハンブラ』と呼ばれる四つ葉のクローバーモチーフ。少しずつ集めていく楽しみを味わいながら、オニキスとカルセドニーを愛用中。

ロエベ

カゴバッグ

使える季節は限定されるものの、カゴバッグにしか出せないリラックス感が好きで、毎夏ヘビーローテーションしています。

クローゼットアイテム

無印良品

ベロア内箱仕切

無印良品のアクリルケースと併せて、アクセサリー収納に使用。自分が何をどれだけ持っているのか、一目瞭然で使いやすいです。

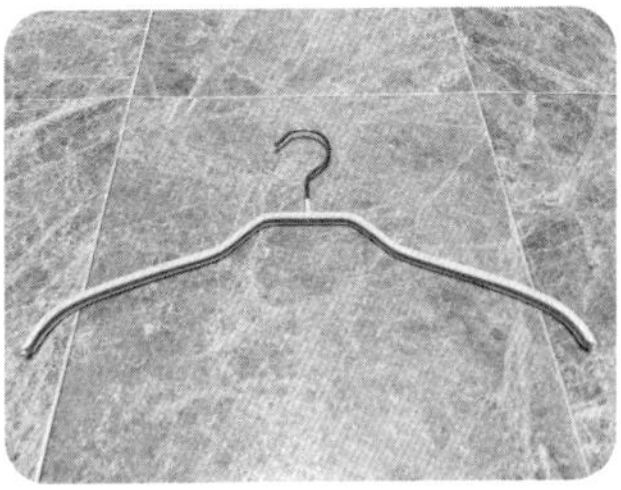

MAWA

ハンガー

衣類が滑りにくい名品ハンガー。アウター以外の衣類収納はこちらを使用しています。夫婦で色分けし、本数を制限して持っています。

詰め替えボトル

視覚的ノイズを減らすため、詰め替え用の洗剤などをシンプルな容器に入れて収納しています。全部ではなく、必要最小限で。

炭八

スマート小袋

天日干しすれば半永久的に使えて、防臭効果もある除湿剤。バッグの中や下駄箱に入れたり、クローゼットに吊るしたりしています。

美容&健康グッズ

GRACY

チップオン パウダーアイブロウ

ペンシルとパウダーの良さを併せ持つチップタイプ。片眉10秒足らずで完成するので、ズボラな私には手放せません。

COCOSILK

シルク枕カバー

寝返りによる髪への摩擦が軽減され、翌朝の髪がしっとりまとまります。枕で頬を擦ってダメージを受けてしまう悩みも改善されました。

カゴメ

トマトジュース PREMIUM

色白で美肌の友人から教わり、日焼け対策として愛飲しています。美容サプリ代わりに。毎年、数量限定の発売なので買いだめしています。

アラレフア

ヘア&ボディウォッシュ

全身シャンプーの中で一番オススメ。天然由来成分にこだわっており、これ1本で髪も顔も全身まるごと洗えて、浴室もスッキリします。

キッチンアイテム

柳宗理シリーズ

キッチンツール

美しく実用的なキッチンツールといえばこちら。手に馴染みやすく使いやすい。トング、レードルS、スキンマーSを愛用しています。

remy

レミパンプラス

平野レミさんプロデュース。何回もリピートしている万能フライパンです。我が家の料理はこれひとつで大体作れます。

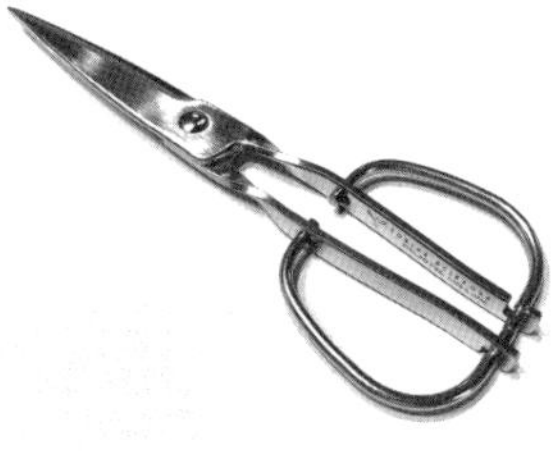

鳥部製作所

キッチンスパッター

驚きの切れ味で、簡単な料理なら包丁いらずのキッチンバサミ。オールステンレスで、分解して洗えるので清潔です（食洗機OK）。

貝印セレクト100

T型ピーラー

野菜の皮むきが苦手な私が出合った、自分史上最高のピーラー。本当にスルスル皮がむけます。もうこれ以外は使えません。

キッチンアイテム

野田琺瑯

ポトル

使えば使うほど、味わいを増すホーロー製のケトル。まろやかな白色で、キッチンに出しっぱなしにしたままでも映えるデザインです。

ジョージ ジェンセン ダマスク

エジプト ティータオル

食器拭きとして使っているティータオル。タオルバーに掛けっぱなしでも様になります。丈夫なうえ、水切りマットの代わりにもなります。

八商商事

浮かせるスポンジホルダーUKIUKI

シンクに吸盤で取り付けるタイプのスポンジホルダー。宙に浮かせることで、見た目がスッキリ&シンク掃除がラクになります。

イッタラ

タンブラー

『カステヘルミ』シリーズのグラス。一目惚れして手に入れてから、他のグラスに目移りしなくなり、一度割れても買い直しました。

日用品

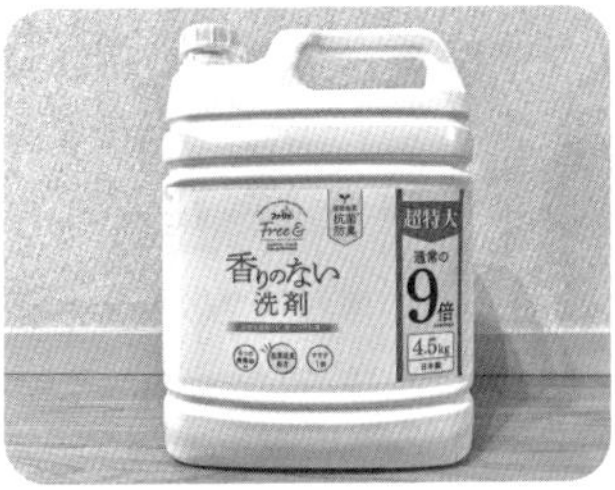

ファーファ Free&

香りのない洗剤

匂いの少ない原料を厳選。無香料タイプにありがちな原液臭が抑えてあり、香りに敏感な方や妊婦さん、ペットがいる家庭にオススメ。

BOS

防臭袋

優れた防臭力で、生ゴミを入れて次の収集日まで放置しても、臭いがほとんど気になりません。防災セットに入れておくのも◎。

ミドリ

ダンボールカッター

玄関ドアにくっつけられる、マグネット入りのカッター。置き場所に困らず、届いた荷物を玄関で即開封できるので便利です。

ダイニチコーポレーション

サンサンスポンジ

ヘタりにくい・使いやすい・圧縮されていて保管スペースを取らないと、三拍子そろった優秀スポンジです。色はブラックを愛用。

100円グッズ

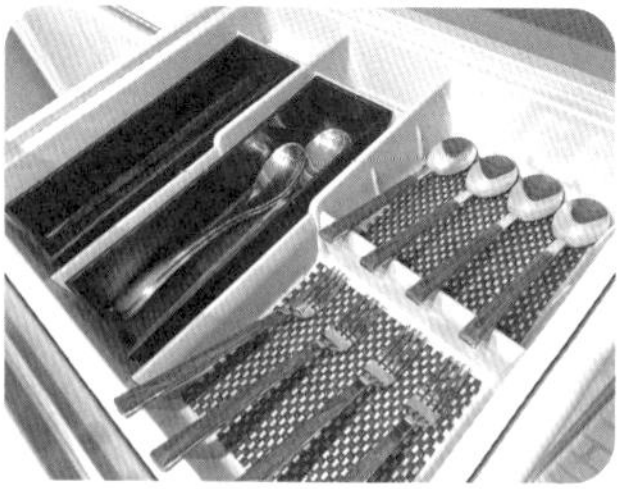

ダイソー

カトラリー

100円グッズだと伝えるとよく驚かれる、デザイン性の高い逸品。収納時に余白を大事にすれば、美しさと高級感がアップします。

セリア

マグカップ

コンパクトに収納できる、スタッキングマグカップ。白は取っ手が欠けてしまいましたが、愛着があるので修理して使っています。

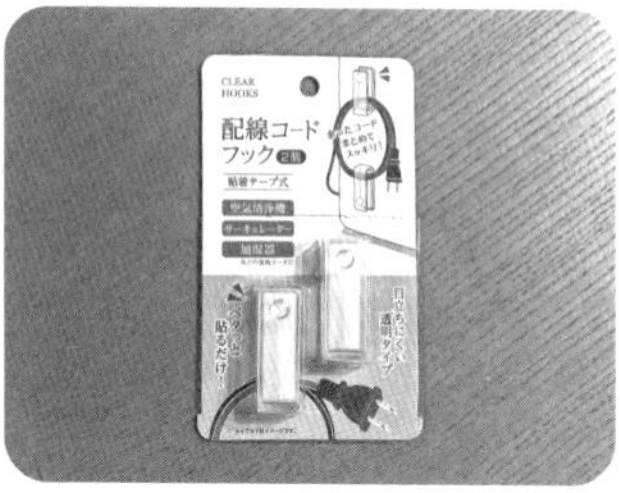

配線コードフック

ワークスペースのデスクの天板裏に貼って、ごちゃつきがちなパソコンの配線をまとめ、表から見えないようにしています。

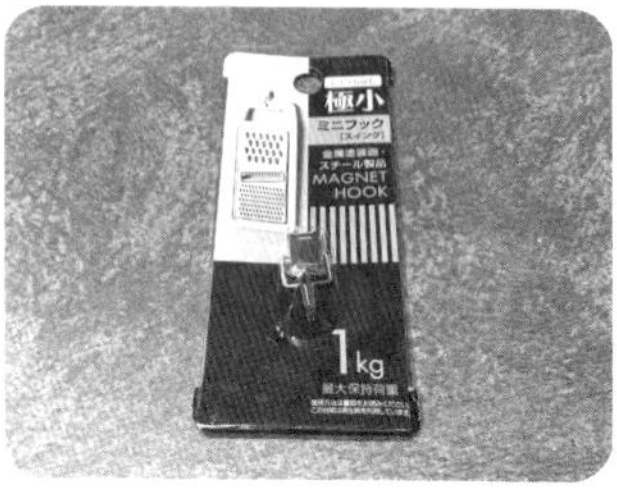

極小マグネットフック

玄関ドアの裏に貼って、自宅の鍵やIDカードホルダーなど外出時に必要なモノを吊るして収納しています。

夫の持ち物

ウーフォス

OOriginal

夫が「人生で一番履き心地のいいサンダル」と絶賛するリカバリーシューズ。クッション性が高く、疲れにくいです。水で丸洗いOK。

パタゴニア

バギーズ・ロング

メッシュライナーで下着が不要、しかも水陸両用で水着にもなります。一度はいたらファンになる、究極ストレスフリーな多機能型ショーツ。

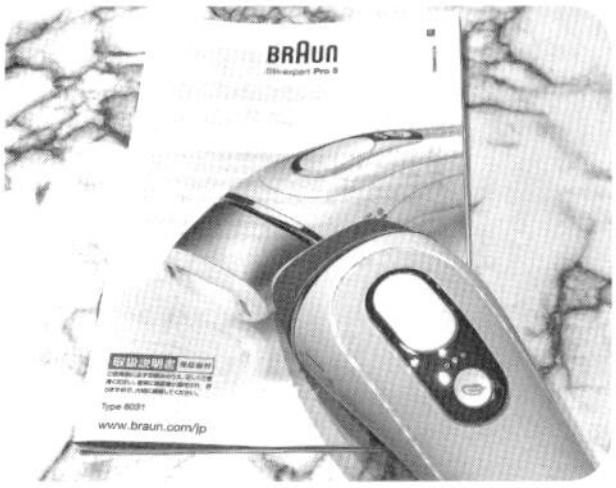

ブラウン

家庭用脱毛器

これを使って夫婦で脱毛中。男性も清潔感やムレ解消のため、さらに将来の介護を見据えて、今のうちに脱毛を済ませておくと◎です。

ユナイテッドアローズ

チェスターコート

男性ミニマリストがもし１着だけアウターを選ぶなら、オンオフ問わず、冠婚葬祭でも着られるチェスターコートがオススメです。

おわりに

私の30代はチャレンジの連続でした。試行錯誤しながら持ち物を厳選し、ずっとやってみたかったブログを書き始め、売れるかどうかわからない電子書籍を自力で出版。過去の自分では到底考えられないような行動力で、自分のやりたいことに次々と取り組んできました。

私がこうして行動的になれたのも、ミニマルライフで余計な物事を手放し、思考がシンプルになって、自分のやりたいことに集中できた結果だと思っています。

私に特別な才能はありません。でも「私なんかがやっても仕方ない」「私よりすごい人はたくさんいるし」とは言わないようにしています。

自分の感じたことや経験したことが、誰かの役に立って価値になる時代。やっても仕方ないと諦めるのは、やってみてからでいい。

これからもいろいろなことにチャレンジしながら、自分らしく暮らしていきたいと思っています。

最後になりましたが、この本の出版に際し、ご尽力賜りました皆様へ心より感謝申し上げます。

私のブログと電子書籍を見つけて声をかけてくださった編集者の宮川さん。センス抜群の表紙を考案してくださったデザイナーの長崎さん。おしゃれなイラストを描いてくださった神﨑さん。相談に乗ってくださったスナフキンさん、おなみさん。執筆・編集作業で疲れきっている私を労ってくれた家族のみんな。

そして、いつも応援してくださる読者の皆様と、この本を手に取ってくださったあなたに、ありったけの感謝を込めて。本当にありがとうございました。

2023年7月　ponpoco

ponpoco

ゆるーく自分なりのミニマルライフを楽しむ30代。コンパクトハウスで家族とのんびり暮らす2児の母。シンプリストの母と天然ミニマリストの夫がいる。趣味はファッション・ゲーム・旅行。座右の銘は「日日是好日」。ブログ『ぜいたくゆるミニマリスト』にて、〝本当に好きなコトに時間とお金を使いたい〟をテーマに記事を執筆。ブログ名の由来は「自分らしく生きることが最高の贅沢」から。

イラスト　神﨑 遥
装幀　長﨑 綾（next door design）
DTP　生田 敦
校正　小出美由規
編集　宮川彩子

200着の服を8割減らしたら
おしゃれがずっと楽しくなった

発行日　2023年 7 月31日　初版第1刷発行
　　　　2023年10月10日　　第2刷発行

著者　ponpoco
発行者　小池英彦
発行所　株式会社 扶桑社
〒105-8070
東京都港区芝浦1-1-1
浜松町ビルディング
電話　03-6368-8870（編集）
03-6368-8891（郵便室）
www.fusosha.co.jp
印刷・製本　株式会社 加藤文明社

※本書は、ブログ「ぜいたくゆるミニマリスト」と電子書籍『ゆるーく自分らしいミニマルライフ』をベースに、大幅に加筆修正したものです。

ISBN978-4-594-09535-2